GÜTERSLOHER
VERLAGSHAUS

Für unsere Töchter Lisann, Alana und Keira,
die alle in diesem Buch vorkommenden Power-Frauen »cool« finden.
Damit ist unsere je eigene Mission als Mutter erfüllt.

Birgit Lechtermann
Sandra Milden

Karriere
Kinder
Küche

So machen es
Erfolgsfrauen

Gütersloher Verlagshaus

Inhalt

Liebe Leserin, lieber Leser,

Karriere, Kinder, Küche: Für dieses Buch haben wir die in etwas anderer Reihenfolge bekannte Alliteration der *drei K* bewusst auf den Kopf gestellt. Denn heute sind in Deutschland über 60 Prozent der Mütter mit Kindern unter 18 Jahren berufstätig. Es ist einiges auf den Weg gebracht worden, damit für Frauen beides möglich ist: Elterngeld, Elternzeit, Anspruch auf einen Kindergartenplatz, Garantie auf einen Betreuungsplatz in einer Kita, Ausbau des offenen Ganztags, um nur einige wichtige Meilensteile zu nennen.

Und trotzdem ist es noch immer für die meisten Frauen ein täglicher Spagat zwischen ihrem anspruchsvollen Job und einem Familienleben. Mit dem »Ja« zu einer Karriere und Kindern steht schon die erste wichtige Entscheidung an:

Wann ist der richtige Zeitpunkt für Nachwuchs? Im Studium, zum Berufseinstieg? Auf dem Höhepunkt oder erst nach der Karriere? Bei der Suche nach dem goldenen Mittelweg, nach einer Formel, die mit hundertprozentiger Garantie beides locker unter einen Hut bringen lässt, haben wir mit Freundinnen, Müttern, Kolleginnen und natürlich auch mit Männern diskutiert. Und erkennen müssen: Es gibt sie nicht, diese Formel! Jede Frau kann nur einen ganz individuellen Weg gehen: nämlich ihren eigenen.

Wir haben 18 Erfolgs-Frauen gebeten, uns Einblick in ihr Karriere-Leben mit Kindern zu gewähren. Alle Frauen fanden Zeit für uns, für anregende Gespräche und ein Fotoshooting, das überaus exakt zu timen war.

Ehrlich und ungeschminkt zu erfahren, wie Frauen es wirklich schaffen, für welchen Weg sie sich entschieden haben, wie ihr Erfolgsrezept lautet, wie sie Rückschläge in ihrem Leben meisterten, wie ihr Familienmanagement und ihr persönliches Rezept für eine glückliche Beziehung aussieht, welche Werte sie leben und vermitteln, all das gibt Ihnen als Leserin oder Leser Inspiration und lädt zur Diskussion ein. Die Kernfragen dieses Buches stehen heute mehr denn je im Fokus.

Vorwort

Von jeder Frau könnten wir eine spannende Geschichte über die Entstehung ihres Beitrages und dem dazugehörenden Fototermin erzählen. Drei Dinge haben unserer Meinung nach alle Frauen gemeinsam: Organisationstalent, Freude an ihren Kindern und ihrem Beruf und einen Konsens auf unsere Frage: »Geht das Rezept Karriere und Kinder aus Ihrer Sicht als Mutter in Deutschland auf oder fehlen wesentliche Zutaten, die Politik und Gesellschaft noch beisteuern müssten?«

Lassen Sie sich überraschen von den sehr individuellen Beiträgen und Meinungen. An dieser Stelle bedanken wir uns bei jeder Frau sehr herzlich für ihren persönlichen Beitrag, insbesondere dafür, dass wir die Schwelle zu einer sehr privaten Sphäre übertreten durften.

Auch danken wir unserem Starfotografen Carsten Sander, der alle Frauen in »Küchenszene« gesetzt hat, denn gerade die Küche ist oft der Ort, der die Menschen, so unterschiedlich auch ihr Leben verläuft, zusammenführt. Natürlich haben wir die Gelegenheit genutzt, auch nach dem jeweiligen Lieblingsrezept zu fragen. Sie dürfen gespannt sein auf die teils exotischen Köstlichkeiten.

Zum Schluss noch ein dickes Dankeschön an unsere eigenen Familien, die uns nicht nur für die Entstehungszeit dieses Buchprojektes den Rücken freigehalten haben …

Birgit Lechtermann   *Sandra Milden*

Köln, im Sommer 2012

Geboren am: 9. August 1971 in Hamburg

Lebt in: Hamburg

Familienstand: geschieden, 1 Tochter

Beruf: zunächst einjährige Ausbildung an der Hotelfachschule, dann Ausbildung zur Köchin bei Spitzenkoch Heinz Winkler; Sous-Chefin im »Anna & Sebastiano«; heute Spitzenköchin mit eigenem Restaurant und Kochschule; Buchautorin und regelmäßige TV-Auftritte: »Polettos Kochschule«, »Lanz kocht« und »Die Küchenschlacht«

Mutter geworden mit: 31 Jahren

Ihre Passion: Engagement für das Altonaer Kinderkrankenhaus

Berufliche Leidenschaft: das Kochen und der Umgang mit Menschen

Umgestaltung: 2000 Eröffnung »Restaurant Poletto« (wegen Umbau Schließung im Jahr 2010); Neueröffnung »Gastronomia Cornelia Poletto« Juni 2011, Feinkost und Restaurant

Mitglied der Vereinigung junger Spitzenköche (»Jeunes Restaurateurs d'Europe«)

Auszeichnungen: F-Bewertung 3,5 von »Der Feinschmecker« Restaurant-Guide, 2007; 16 Punkte vom Gault Millau Deutschland, 2007/2011; ein Stern vom Roten Michelin-Führer, 2002–2010; Beste Köchin des Jahres, München 2011; Ecco Walk in Style Award, Kopenhagen 2011

Buchpublikationen: aus der Reihe Polettos Kochschule: »Meine schnelle Küche für jeden Tag«, 2011; »Mein neuer Grundkurs für Einsteiger«, 2010; »Mein Grundkurs für Einsteiger«, 2009; »Polettos Kochschule«, 2008; »Alles Poletto«, 2006

Leitsatz: Wirklich gutes Essen kann nur aus wirklich guten Produkten entstehen.

Cornelia Poletto

Was war als Kind Ihr Traumberuf?

Ich wollte Tierärztin werden. Vielleicht, weil in unserer Familie Tiere immer eine große Rolle gespielt haben, ich bin sehr tierlieb. Mit drei Jahren habe ich zum ersten Mal auf einem Pony gesessen. Als ich meine Ausbildung zur Köchin begann, habe ich aus zeitlichen Gründen mit dem Reiten aufhören müssen, aber heute reite ich wieder. Köchin war übrigens auch mein Traumberuf, und er ist es immer noch. Wenn ich es mir heute noch einmal aussuchen könnte, würde ich alles wieder ganz genauso machen. Ich habe allerdings einen sehr männerdominierten Beruf gewählt, und tatsächlich waren es auch die Männer, die versuchten, mich von dieser Berufswahl abzuhalten. Sie meinten, es sei ein harter und körperlich anstrengender Job und dass der Ton in der Küche unter Männern sehr gewöhnungsbedürftig sei. Beides stimmt!

Deshalb begann ich im Hotel »Vier Jahreszeiten« in Hamburg zunächst mit einer Ausbildung zur Hotelfachfrau. Nach einem Jahr habe ich sie abgebrochen, um doch Köchin zu werden. Gelernt habe ich übrigens bei Heinz Winkler, der seit 20 Jahren die Residenz in Aschau führt und eigentlich als »Frauenhasser« gilt. Er war der festen Überzeugung, dass Frauen nichts unter Profiköchen zu suchen haben, außer vielleicht mal im Dessert-Bereich. Das finde ich sowieso prinzipiell ungerecht: Für das tägliche Kochen in der eigenen Familie sind Frauen gut genug, aber wenn es um die feine Küche geht, dann sind es die Herren, die alleine den Ton angeben wollen.

Welche Zutaten für Ihre Karriere wurden Ihnen in die Wiege gelegt, welche mussten Sie sich hart erarbeiten?

Ich habe tolle Eltern, die mir Werte wie Fleiß, Arbeitseinsatz und das nötige Durchhaltevermögen ebenso vermittelt haben, wie die Tatsache, dass hartes und intensives Arbeiten auch viel Freude bereiten kann. Lernen musste ich Disziplin und Ordnung. Deshalb wäre ich wahrscheinlich auch am Studium der Tiermedizin gescheitert. Ich brauchte schon immer ein wenig Druck, und im Studium hätte mir dieser Antrieb von außen gefehlt. In der Küche muss man diszipliniert und pünktlich sein. Es gibt immer einen Küchenchef, der einem genau dieses abverlangt. Die jungen Köche bei Winkler, mit denen ich meine Ausbildung bestritt, haben mir sehr geholfen. Einer von ihnen ist auch mein Freund geworden: Marc Vermetten hat mir die Liebe zum Kochen, zu den Produkten und den schönen Geschmack vermittelt. Er hat mir aber auch die Faszination für Essen und Wein beigebracht, zum Beispiel, welche Weine zu welchem Essen korrespondieren.

> Viele gute Köche sind gerade dadurch verdorben worden, dass sie zur Kunst übergingen. (Paul Gauguin)

Wie wurde daraus Ihr persönliches Erfolgsrezept?

Ich besitze eine gute Mischung aus Ehrgeiz und Humor. Der Humor setzt immer dann ein, wenn etwas nicht so gut läuft. Ein eigenes Restaurant zu eröffnen, ist ein Plan, auf den man sehr hart hinarbeiten muss. Dazu gehören Verzicht, Ehrgeiz und Flexibilität, denn man muss bereit sein, die Restaurants mehrfach zu wechseln. Dabei sind nicht nur Freunde auf der Strecke geblieben, sondern auch meine Beziehung zu Marc. Als Frau wollte ich meinen Beruf immer weiter perfektionieren und habe deshalb auf einige Dinge verzichtet. Man muss für den Beruf brennen, dann fällt der Verzicht auch nicht schwer!

Poletto

*Eine Flasche Wein enthält mehr Philosophie
als alle Sachbücher.* (Louis Pasteur)

Welche Rückschläge gab es in Ihrem Leben, und wie haben Sie diese gemeistert?

Die beruflichen Rückschläge waren eigentlich gering, weil ich immer mit Begeisterung und Fleiß im Restaurant gearbeitet habe, mich immer weiterentwickeln durfte. Ich habe als kleine Köchin angefangen, dann wurde ich die rechte Hand des Küchenchefs.

Mein Beruf ist ein beziehungsfeindlicher Beruf mit langen Arbeitszeiten, und es gibt keine Feiertage. Mein größter Rückschlag war die Trennung von meinem Mann, mit dem ich meinen Traum vom eigenen Restaurant lebte: dem »Poletto«. Aber wenn man 24 Stunden gemeinsam unter einem Dach verbringt, geht die Liebe verloren. Der Druck, die Erwartungshaltung der Gäste, nebenbei eine Familie aufbauen, das hat letztendlich zum Scheitern unserer Beziehung geführt. Ich bin ein positiv denkender Mensch mit Humor, und ich bin eine Kämpfernatur. Es war schwer, das Restaurant alleine weiterzuführen, und ich musste lernen zu delegieren und auch abzugeben. Man kann nicht Sterneköchin, Buchhalterin und Gastgeberin sein. Ich habe mir also einen guten Personalstamm aufgebaut, der mir viele Arbeiten abnimmt. Das musste ich lernen, und es tut mir gut, dass ich es gelernt habe.

*Essen, Lieben, Singen, Verdauen sind die vier Akte
der komischen Oper, die Leben heißt.* (Gioacchino Rossini)

Wie lautet Ihr Erfolgsrezept für eine glückliche Beziehung?

Natürlich kann ich mir vorstellen, eine weitere Beziehung einzugehen. Auch starke Frauen wollen einen Menschen an ihrer Seite spüren, dem sie vertrauen und bei dem sie Schwächen zulassen können. Meinem Partner möchte ich nicht ständig

16

die Powerfrau vorspielen müssen. Zu Hause möchte ich so sein, wie ich bin, denn ich habe natürlich auch Schwächen und kann diese zulassen.

Darüber nachzudenken, warum eine Beziehung auseinandergeht, setzt die Einsicht voraus, dass zu einer Partnerschaft immer zwei gehören. Ich würde heute mit mehr Respekt an meinen Partner herantreten und darauf achten, was er leistet. Manchmal ist man in der Aufbauphase zu egoistisch und vernachlässigt die Bedürfnisse seines Partners.

Jemanden zu Gaste zu laden, heißt, für sein Glück zu sorgen, solange er unter unserem Dache weilt. (Jean Anthèlme Brillat-Savarin)

Welche Werte leben und vermitteln Sie?

Ich lebe meiner Tochter gerne vor, dass man Verständnis für andere zeigt. Denn was man selbst für gut erachtet, muss nicht im gleichen Maße für andere gelten. Meine Tochter versteht manchmal nicht, dass ihre Freunde zum Beispiel keine Ponys oder keine Spaghetti mit Muscheln mögen, so wie sie. Ich sage ihr immer: »Andere müssen Dinge nicht so sehen und gut finden, wie du selbst.« Diese Sensibilität im Umgang mit anderen ist mir wichtig und gehört vielleicht prinzipiell zu den Dingen, die wir Frauen leichter erkennen, da wir auch mal nachfragen, was los ist. Wir können auch damit umgehen, wenn andere Schwächen zeigen, ohne sie gleich auszunutzen. Über alles sprechen, Verbündete suchen ist wichtig: Kommunikation ist alles, vom Privatleben bis in den Job.

Ein Brot, eine Flasche Wein und ein Jahr – geschwind vergehen sie. Un pane, un fiasco e un anno – veloci se ne vanno. (aus Italien)

Warum war in Ihrem persönlichen Lebensrezept eine Karriere ohne Kinder nicht denkbar?

Ich habe nicht gesagt, dass zu meinem absoluten Glück auch Kinder gehören müssen. Das Schöne ist, einen Mann kennenzulernen, für den es als Italiener das Wichtigste ist, Kinder zu haben. Italiener lieben Kinder, und die Begeisterung hat mich angesteckt. Es ist in der Tat das größte Glück, Kinder zu haben, und dieses Glück ist jetzt zehn Jahre alt.

Man stehe stets so vom Tisch auf, als könne man noch ein kleines Brötchen essen. (Sir Hugh Casson und Joyce Grenfell)

Wie lautet das Grundrezept für die Erziehung ihrer Kinder?

Bescheidenheit und Respekt vor Freunden, Kindern und Erwachsenen zu haben, das gehört zu meinem Grundrezept. Man sollte aufmerksam und immer in der Lage sein, auf unterschiedliche Menschen zuzugehen. Ehrlich gesagt habe ich mir im Vorfeld kein Erziehungsrezept ausgedacht. Ich versuche, meine Werte zu vermitteln, und erwische mich dabei, dass ich manchmal nicht konsequent genug bin, vielleicht auch ein schlechtes Gewissen habe und meine Tochter zu sehr verwöhne. Ich musste als Kind Unkraut zupfen oder das Auto waschen, wenn ich etwas haben wollte. Meine Tochter kennt so etwas überhaupt nicht.

Was ein richtiger Musiker sein will, der muss auch eine Speisekarte komponieren können. (Richard Strauss)

Leben Sie ein modernes Familienmanagement?

Paula hat einen Vater, der sich sehr gut um seine Tochter kümmert. Wir planen immer so, dass ein Elternteil für sie da ist und Paula nicht nur mit dem Kindermädchen zusammen ist. Ich habe zwei Kindermädchen angestellt, eines für tagsüber und eines für abends. Das geht bei meinem Beruf nicht anders, denn ich kann und möchte meine Tochter abends nicht alleine lassen.

Morgens frühstücken wir gemeinsam, dann fahre ich Paula zur Schule. Sonntags setzen wir uns zusammen, besprechen alle anstehenden Termine und stellen gemeinsam einen Wochenplan auf.

Wer sein Brot verdient, der ist nie überflüssig und fühlt sich auch nicht so. (Paul Ernst)

Geht das Rezept Karriere und Kinder aus Ihrer Sicht als Mutter in Deutschland auf oder fehlen wesentliche Zutaten, die Politik und Gesellschaft noch beisteuern müssten?

Alle Länder bringen Kind und Karriere leichter unter einen Hut als Deutschland. Wir hinken da weit hinterher.

Insbesondere die Ganztagsschulen müssen besser ausgebaut werden und bezahlbar sein. Eine solche Organisation wie die meine muss man sich natürlich leisten können, damit das Modell funktioniert. Als alleinerziehende Mutter ist es generell nicht einfach, das finanziell überhaupt zu stemmen. Das Generationenmodell mit Großeltern im Haus ist meiner Meinung nach in Deutschland keine Option. Meine Eltern zum Beispiel sind beide selber noch berufstätig und können nicht einspringen. Außerdem sind sie noch jung und gerne unterwegs. Sie leben ihr eigenes Leben, auch wenn sie sich natürlich freuen, wenn sie ihre Enkelin sehen.

Ein gutes Essen ist Balsam für die Seele. (Alexander Sergejewitsch Puschkin)

Wie sieht Ihr Work-Life-Balance-Rezept aus?

Ich bin es gewohnt, viel zu arbeiten, und musste deshalb erst lernen, meine Energien immer wieder aufzutanken. Ausgleich gibt mir mein Sport: Ich reite mit meiner Tochter, und alle zwei Tage gehe ich laufen. Nach zehn Minuten merke ich, wie der Kopf richtig frei wird. Beim Laufen bin ich ganz nah bei mir: Ich tue etwas für mich, und das tut mir gut.

Ich bin Köchin geworden, weil ich gerne Menschen um mich habe. Privat zu kochen, ist für mich die totale Entspannung. Es tut meiner Seele gut.

Segne Vater diese Speise, uns zur Kraft und dir zum Preise. (Tischgebet)

Was bedeutet Spiritualität für Sie und wie integrieren Sie Spiritualität oder Glauben in ihren Alltag?

Ich bin nicht besonders gläubig, aber es gibt natürlich Werte, die verschiedene Religionen vermitteln, die sehr wichtig sind. Ich habe einen Freund, der aus einer jüdischen Familie stammt. Dieser Zusammenhalt der Familien ist unglaublich, es hat mich sehr beeindruckt. Das fehlt mir beispielsweise in anderen Religionen. Diese Erfahrung trage ich seitdem in andere Bereiche weiter.

Eine gute Gasterei erfordert nicht wenig Kunst und gibt kein geringes Vergnügen. (Michel de Montaigne)

Welchen Stellenwert hat Kochen für Sie?

Kochen hat für mich natürlich einen ganz hohen Stellenwert. Kochen gibt mir Kraft und Freude, im Restaurant genauso wie privat für mich.

Ich koche zwar nicht jeden Tag zu Hause, aber meine Tochter kommt nach der Schule ins Restaurant, und dann koche ich oder einer meiner Mitarbeiter für sie, und wir essen gemeinsam.

Gehört gemeinsame Esskultur in Ihren Alltag?

Ich finde es sehr wichtig, unseren Kindern eine Esskultur im Alltag zu vermitteln. Zu Hause sitze ich mit meiner Tochter gemeinsam am Tisch. Unser Haus hat auch immer eine offene Tür für ihre Freundinnen. Wir erzählen uns, was man am Tag erlebt hat. Die Kommunikation am Tisch ist für uns lebensnotwendig.

In meiner Eigenschaft als Schirmherrin des Altonaer Kinderkrankenhauses koche ich auch oft mit Kindern gemeinsam. Ich versuche, ihnen zu vermitteln, wie wichtig und wertvoll Ess- und Tischkultur sind. Außerdem möchte ich ihnen zeigen, wie einfach die Zubereitung frischer Lebensmittel sein kann.

Wenn ich im Supermarkt sehe, dass es fertigen Pfannkuchenteig aus der Flasche gibt, erlebe ich dies mit ebenso großem Erschrecken wie einer gewissen Faszination. Es ist schon erschütternd, dass heute offensichtlich immer weniger Menschen in der Lage sind, aus Mehl, Eiern und Milch einen Teig zusammenzurühren! Wer Fertigteig kauft, wird es auch nicht lernen. Und dann setzt der Dominoeffekt ein, die Kinder lernen es nicht mehr, und Kochen mit frischen Zutaten wird den Kindern heutzutage schon gar nicht mehr gezeigt.

Spaghett

alle vongole

Zutaten für 4 Personen:

3 getrocknete rote Chilischoten	8 Kirschtomaten
1 kg Venusmuscheln	2 EL schwarze Oliven
400 g Spaghetti	(entsteint)
Meersalz	6–8 EL Olivenöl
4 Knoblauchzehen	100 ml Weißwein
einige Blätter glatte Petersilie	Fleur de Sel

Zubereitungszeit: ca. 25 Minuten

Eine Chilischote hacken und mit den Muscheln in einer Schüssel mischen. Die Muscheln unter fließend kaltem Wasser waschen, dabei aneinanderreiben, um Kalk- und Sandablagerungen zu entfernen. Abgießen, abtropfen lassen und bereits geöffnete Exemplare entfernen.

Die Pasta in kochendem Salzwasser nach Packungsanleitung bissfest garen.

Den Knoblauch schälen und in dünne Scheiben schneiden. Die restlichen Chilischoten fein hacken. Die Petersilie fein schneiden. Die Tomaten waschen und halbieren, die Oliven halbieren.

Eine große Pfanne erhitzen und das Öl hineingeben. Knoblauch und Chili darin anbraten, bis der Knoblauch goldbraun ist. Die Muscheln und die Tomaten zugeben, den Weißwein angießen und alles bei starker Hitze einige Minuten garen, bis die Muscheln geöffnet sind. Geschlossene Exemplare entsorgen. Die abgetropften Spaghetti, die Oliven und die Petersilie untermischen.

Mit Fleur de Sel abschmecken.

Ein guter Koch wechselt das Messer einmal im Jahr,
weil er schneidet.
Ein stümperhafter Koch muss das Messer jeden Monat wechseln,
weil er hackt. (aus China)

Was war als Kind Ihr Traumberuf?

Ich hatte keinen konkreten Traumberuf, aber ein sehr konkretes Ziel: Ich wollte schon als kleines Mädchen unbedingt so viel Geld verdienen, dass ich frei und unabhängig von einem Mann leben könnte.

Wer immer nur wartet, bis ein anderer ihn zum Essen ruft,
wird oft nichts zu essen bekommen. (Weisheit der Sinti und Roma)

Welche Zutaten für Ihre Karriere wurden Ihnen in die Wiege gelegt, welche mussten Sie sich hart erarbeiten?

Unbedingter Leistungswille. Die Bereitschaft, die Verantwortung zu übernehmen für mein Handeln. Aber eben auch oft einfach mal aus dem Bauch entscheiden.
Ich bin in einem Selbstständigen-Haushalt aufgewachsen. Das prägt. Selbst Taschengeld gab es nur dann, wenn ich dafür etwas geleistet hatte. Gute Noten gehörten nicht dazu.
Hart abtrainieren musste ich mir diese »Mädchengefallsucht«. Also auszuhalten, nicht von allen gemocht zu werden. Nein zu sagen. Das war das zentrale Thema in meinen frühen Zwanzigern.
Dass ich – gewollt! – sehr früh Mutter war, hat mir geholfen. Berufstätig und Mutter zu sein, das schafft man nur, wenn man Grenzen setzt und ab und zu sagt: »Ihr könnt mich alle mal. Ich will das jetzt so.«

Wie wurde daraus Ihr persönliches Erfolgsrezept?

Hm. Vielleicht einfach »keine Angst haben«. Mutig sein. Mit beiden Händen zugreifen, wenn sich eine Chance bietet. Mehr als schiefgehen kann's ja nicht.

Welche Rückschläge gab es in Ihrem Leben?

Es gab viele. Und gleichzeitig eigentlich keine. Ich finde, Verdrängung wird unterschätzt. Schlimm war, dass sich mein Vater früh aus meinem, dann auch aus seinem Leben verabschiedet hat. Schlimm war das Scheitern der Beziehung zum Vater meiner großen Tochter. Ich hätte es gern besser gemacht als meine Eltern. Habe ich, haben wir, dann aber auch. Wir sind tolle Eltern gewesen. Sagt jedenfalls meine Große.

Wie lautet Ihr Erfolgsrezept für eine glückliche Beziehung?

Klingt brutal, aber: »Es ist einfach – oder es ist falsch.« Davon bin ich inzwischen überzeugt. Auf sich selbst achtgeben. Egoismus ist der Schlüssel. Und »gönnen

können«. Nicht darauf warten, dass der Partner dich glücklich macht. Tu es selbst. Und erlaube es ihm auch.

Mir ist lieber, mein Mann geht an unserem gemeinsamen freien Tag golfen und kommt abends glücklich zurück, als dass er nölig mit mir Freunde besucht, die er nicht riechen kann. Abends treffen sich dann zwei gut gelaunte Erwachsene. Das ist Glück.

Ich habe gefunden, dass Menschen mit Geist und Witz
auch immer eine feine Zunge besitzen,
jene aber mit stumpfem Gaumen beides entbehren.
(Voltaire)

Welche Werte leben und vermitteln Sie?

Freiheit und Liebe. Nichts ist wertvoller. Dass jeder seines Glückes Schmied ist – und dass das Glück mit den Tüchtigen ist.

Meine große Tochter hat mir an ihrem ersten Schultag mitgeteilt, ich solle die Finger aus ihrem Ranzen nehmen. O-Ton: »Du hast deine Arbeit, dies ist meine.« Ich habe mich daran gehalten. Ich habe ihr vertraut, ihr diese Freiheit gegeben. Sie hat die komplette Schulzeit eigenverantwortlich durchsurft. Ergebnis: ein Einser-Abi. Aber sie wusste auch immer: Wenn's brennt, bin ich da. »Bären-Mutter« nennt sie mich. Ich liebe sie bedingungslos.

Auch bei der Kleinen versuche ich – natürlich in gesteckten Grenzen – viel Freiheit möglich zu machen. Möglichst nur das zu verbieten, was gefährlich für sie ist. Sie zu motivieren, sich etwas zuzutrauen, damit sie wachsen kann.

Als ich mit ihr schwanger war, arbeitete ihr Vater in München, ich in Berlin. Wir kannten uns damals erst ein paar Monate. Gentlemanlike bot er die Ehe an und wollte darüber reden, dass wir nun ja wohl zusammen in einer Stadt leben sollten. Das hätte von einem von uns beiden verlangt, seinen Traumjob aufzugeben. Ich habe abgelehnt. Und ich glaube, das war ein Geschenk für uns beide. Ich wollte nicht, dass er seinen Job meinetwegen kündigt und in Berlin etwas macht, worauf er gar keine Lust hat. Und ich wollte das umgekehrt auch nicht. Wir sind nach Mias Geburt noch zwei Jahre gependelt. Erst zum Jahreswechsel 2011 auf 2012 ist er voll zu uns nach Berlin gezogen. Jetzt aber, weil er hier ein Unternehmen gründet. Also nicht »nur« für uns.

> *Gut essen macht Freude,*
> *Wein trinken macht lustig,*
> *und Geld macht beides möglich.* (Bibel)

Warum war in Ihrem persönlichen Lebensrezept eine Karriere ohne Kinder nicht denkbar?

Schwer zu sagen. Ich wusste immer, dass ich ein Kind will, wurde deshalb früh geplant schwanger. Für mich wäre ein Leben ohne Kinder schlicht undenkbar arm. Eine Karriere hingegen habe ich nicht geplant. Ich habe einfach stets den Ball gespielt, der mir zugeworfen wurde. Insbesondere nach der Geburt meiner großen Tochter musste ich einfach arbeiten, um uns zu ernähren. Ich tat das nicht, um mich selbst zu verwirklichen. Ich brauchte schlicht das Geld. Und weil ich es so sehr brauchte, habe ich mich extrem angestrengt. Der Erfolg war mehr so etwas wie eine Begleiterscheinung.

> *Ich fürchte, unsere allzu sorgfältige Erziehung*
> *liefert uns Zwergobst.* (Georg Christoph Lichtenberg)

Wie lautet das Grundrezept für die Erziehung Ihrer Kinder?

Lieben, lieben, lieben. Bedingungslos. Und authentisch sein. Das Vor-Leben ist wichtiger als das Erziehen. Ich habe nie einen Erziehungsratgeber gelesen. Ich benutze ja noch nicht einmal Kochbücher.

Ich bin überzeugt, dass sich die Kinder die Eltern aussuchen. Es sind fertige, kleine Persönlichkeiten mit vielen verschiedenen Bedürfnissen und Neigungen. Wie ein Stern. Jeder Zacken ist ein Bedürfnis beziehungsweise ein Teil ihrer Persönlichkeit. Eine Mutter kann nicht all diese Zacken des Sterns befriedigen und sollte es deshalb auch gar nicht erst versuchen. Ich konzentriere mich darauf, diese kleinen Menschen zu beschützen und zu lieben.

Wer sich nicht wehrt, endet am Herd.

(Songtext Marita Köllner)

Leben Sie ein modernes Familienmanagement?

Puh. Also: Mama arbeitet Vollzeit, Papa arbeitet Vollzeit. Mia geht – und zwar mit Begeisterung – ab 9 Uhr in die »Springer-Kita«. Ich gebe sie morgens ab. Nachmittags holt sie drei Tage pro Woche ihre Kinderfrau Bille ab. Einen Tag ihr Vater, einen ich. Eine resolute Zugehfrau kommt zweimal pro Woche und beseitigt das gröbste Chaos zu Hause. Es ist nicht perfekt, aber es funktioniert sehr gut.

Iss, was gar ist, trink, was klar ist, red, was wahr ist.

(Martin Luther)

Geht das Rezept Karriere und Kinder aus Ihrer Sicht als Mutter in Deutschland auf oder fehlen wesentliche Zutaten, die Politik und Gesellschaft noch beisteuern müssten?

Ich wünsche mir vor allem Gelassenheit und dass dieses verdammte »Rabenmutter«-Ding endlich beerdigt wird. Das ist der wichtigste Punkt. Denn das trifft dich im Herzen und macht dich fertig. Ich beneide die Französinnen darum, dass sie sich mit diesem Mist nicht herumschlagen müssen. Politisch wünschte ich mir, dass dieser Staat endlich aufhört, an den falschen Schrauben zu drehen. Das viele

Geld, das in Familienpolitik gesteckt wird, hat doch nachweislich keinen Erfolg! Lasst die Familien ihre Kinderbetreuungskosten von der Steuer absetzen. Dann könnten alle anderen Leistungen gestrichen werden.

Und: Wir müssen endlich für ausreichend viele und gute Kindertagesplätze und Ganztagsschulen sorgen.

Ich sage das nicht, weil ich finde, dass alle Mütter arbeiten sollen. Oder alle Menschen Karriere machen. Das muss jeder selbst wissen. Aber es macht mich wahnsinnig, dass ganze Generationen von Kindern vom Staat aufgegeben werden. Nämlich alle, die nicht in wohlhabende, gebildete Familien hineingeboren werden.

> Das Glück tritt gern in ein Haus, in dem gelacht wird. (aus Japan)

Wie sieht Ihr Work-Life-Balance-Rezept aus?

Lachen hilft. Im Ernst: Da ist zu viel Leben für zu wenig Zeit. Aber das ist definitiv ein Luxusproblem. Ich versuche schlicht an allem, was ich tue, wenigstens ein bisschen Spaß zu haben. Privat wie beruflich. Meistens habe ich sogar viel Spaß. Mehr Balance kann man nicht verlangen.

> Alle guten Gaben, alles was wir haben, kommt, oh Gott, von dir, wir danken dir dafür. (Tischgebet)

Was bedeutet Spiritualität für Sie?

Ich bete. Wer nicht betet, weiß nicht, was er will. Und ich bin überzeugt, dass Gott mich liebt. Ich habe so unfassbar viel Glück in meinem Leben. Ich bin dankbar und demütig deshalb: zwei wunderbare Kinder, auf der Zielgeraden noch meinen Traummann erlegt, einen tollen Beruf, der mir auch nach mehr als einem Vierteljahrhundert noch Spaß macht (und der auch noch gut bezahlt wird); Freunde,

Gesundheit, Gehirn und Humor. Mein größtes Problem ist meine Cellulite. Was für ein Leben!

Ich glaube, dass man erntet, was man sät. Also versuche ich, Gutes zu säen. Glücklicherweise ist mir Neid fremd. Das hilft. Und ich versuche, mich von niederträchtigen Menschen fernzuhalten.

Die drei schönsten Worte der Welt?
»Essen ist fertig!« (Redensart)

Welchen Stellenwert hat Kochen für Sie?

Einen riesengroßen!!! Ich koche fast jeden Tag. Es beruhigt mich. Es macht mir Spaß. Ich bin Weltmeister im Zubereiten schneller Gerichte. Und ich liebe es, Dinge, die ich woanders gegessen habe, im Freestyle zu Hause nachzukochen. Einfach in der Erinnerung an den Geschmack. Und ich experimentiere gern. Aber alles immer ohne Rezept.

Ein gutes Essen bringt gute Leute zusammen.
(Sokrates)

Gehört gemeinsame Esskultur in Ihren Alltag?

Unbedingt!!! Ich liebe es zu kochen. Und ich mag selbst gern essen, was ich gekocht habe. Und das positive Feedback meiner Familie und meiner Freunde. Es gibt nichts Schöneres als eine gemeinsame Mahlzeit. Eine am Tag muss sein, meist abends.

Mein Erfolgsrezept

Oje. Ich bin verfressen, ich mag alle meine Gerichte. Und ich koche nie nach Rezept, sondern ich doktere so lange daran herum, bis es so schmeckt wie früher bei meiner schlesischen Großmutter – oder eben, bis es mir schmeckt. SORRY, wie gesagt: Ich habe keine Rezepte. Versuch's aber dennoch:

Geschändetes Huhn à la Horn

Ein gutes Bio-Hähnchen einfetten, wild würzen und komplett mit frischen Kräutern stopfen; egal welche, nur stramm füllen. In einen großen Bräter legen und Fenchel, Zwiebeln, Knoblauch, Möhren dazu. Für mindestens 90 Minuten in den Ofen bei 180 Grad. Ab und zu ein bisschen Wasser angießen. Dazu gibt's frisches Brot.

Geboren am: 25. März 1957 in Mönchengladbach

Lebt in: Köln

Familienstand: seit 21 Jahren verheiratet, 2 Kinder (1 Sohn, 1 Tochter)

Beruf: Magisterstudium der Germanistik und Geschichte, dann Volontariat bei Radio Luxemburg, Sportmoderation für das Frühstücksfernsehen bei RTL und seit 1989 RTL News Anchorwoman Sport

Mutter geworden mit: 35 und 38 Jahren

Ihre Passion: mit Familien und Freunden grillen, reden und lachen

Berufliche Leidenschaft: täglich neue Worte für das Thema »Sieg und Niederlage im Sport« zu finden

Auszeichnung: Deutscher Fernsehpreis für » RTL Aktuell« als beste Informationssendung, 2007

Leitsatz: Wenn du sieben Mal fällst, musst du acht Mal aufstehen.

Ulrike von der Groeben

Dasjenige Bier, was nicht getrunken wird,
hat eben seinen Beruf verfehlt.

(Alexander Meyer)

Was war als Kind Ihr Traumberuf?

Als Kind hatte ich gar keine Vorstellung von dem, was ich später mal werden wollte. Ich denke, das war damals auch anders. Als wir Kinder waren, haben wir nur gespielt. Es ist später auch nie erzählt worden »Die Ulrike wollte schon als Kind Journalistin werden!« Nein, wollte ich nicht.

Als Jugendliche, nach dem Abitur, hatte ich ursprünglich die Absicht, Jura zu studieren und Rechtsanwältin zu werden. Davon haben mir aber alle Freunde abgeraten. Sie sagten, ich hätte so einen großen Gerechtigkeitssinn und die Juristerei sei keineswegs immer nur gerecht.

Dann habe ich mich auf meine Lieblingsfächer Germanistik und Geschichte besonnen. Ich hatte jahrelang die Schülerzeitung gemacht und kam dann plötzlich auf die etwas verwegene Idee, dass ich eines Tages Feuilletonistin der Süddeutschen Zeitung werden könnte. Als ich dann merkte, dass meine Schreibkünste dazu nie ausreichen würden, habe ich das Sujet gewechselt, hin zu meiner Leidenschaft Sport.

Ironie ist das Körnchen Salz, das das Aufgetischte überhaupt
erst genießbar macht. (Johann Wolfgang von Goethe)

Welche Zutaten für Ihre Karriere wurden Ihnen in die Wiege gelegt, welche mussten Sie sich hart erarbeiten?

Ganz sicher wurden mir folgende Zutaten in die Wiege gelegt: Ein offenes Wesen, großes Selbstbewusstsein, Selbstvertrauen und eine angeborene Neugierde auf Menschen. Dazu die Freude am Sport und ein fröhliches Gemüt, das ich von meiner Mutter geerbt habe. Hart erarbeiten musste ich mir die Akzeptanz der

Kollegen in der Männerdomäne Sport. Ich hatte aber auch das große Glück, zur richtigen Zeit am richtigen Ort zu sein! Bei allem Talent, allem Wissen und allem Fleiß – ein bisschen Glück gehört im Leben immer auch dazu. Man sollte sich da nichts vormachen, die meisten Jobs – zumindest in der Medienbranche – könnten ein paar andere genauso gut.

Deshalb: Packt euer Glück beim Schopf, wenn euch jemand eine Tür öffnet – durchgehen müsst ihr dann allerdings selber und beweisen, dass ihr den Raum, den ihr betreten dürft, auch ausfüllt.

> Die Speisetafel ist der einzige Ort,
> wo man sich niemals während
> der ersten Stunde langweilt.
>
> (Jean Anthèlme Brillat-Savarin)

Wie wurde daraus Ihr persönliches Erfolgsrezept?

Wenn du als Moderatorin dauerhaft Erfolg haben willst, dann sind drei Dinge unabdingbar: 1. Kompetenz, 2. Authentizität, 3. eine telegene Ausstrahlung.

Ganz wesentlich ist auch, dass du nie die Neugierde verlierst, in meinem Fall die Neugierde auf die kleinen und großen Ereignisse im Sport. Manche Menschen können nicht verstehen, dass ich nach fast 23 Jahren immer noch Spaß daran habe, täglich aufs Neue über die Formel 1, die Fußballbundesliga oder beispielsweise im Boxen über die »Klitschkos« zu berichten. Doch! Weil, glaubt es mir ganz einfach, kein Tag in meinem Job wie der andere ist, kein Rennen wiederholt sich, kein Kampf ist wie der Kampf zuvor und keiner weiß vorher, wie ein Fußballspiel ausgeht.

Mein persönliches Erfolgsrezept ist, Routine nicht mit Langeweile gleichzusetzen, in der täglichen Arbeit immer wieder die spannenden Momente zu finden.

Welche Rückschläge gab es in Ihrem Leben und wie haben Sie diese gemeistert?

Ich war zwar nicht mehr allzu jung, als ich meine Eltern durch Krebs verlor, aber trotzdem haben mich ihre Leidenszeit und der Verlust sehr mitgenommen. Wenn man nach dem Abitur das Haus verlässt, vermisst man die Eltern im eigenen Alltag nicht. Wir haben uns auch gar nicht so oft gesehen. Aber als sie dann plötzlich nicht mehr da waren, ist mir erst bewusst geworden, wie wichtig mir diese Begegnungen doch waren. Der größte Schicksalsschlag für mich war sicher die lebensbedrohliche Herzkrankheit meines Sohnes Max direkt nach der Geburt. Von einem »Meistern dieser Situation« kann nicht die Rede sein, denn ich habe eine Woche lang nur geweint, mir selbst leidgetan. Ich war zum ersten Mal in meinem Leben in einer Situation, in der ich mit all meiner Kraft nichts, aber auch gar nichts ändern konnte. Mein Mann hat mich da unglaublich gestärkt! Er hat in dieser Situation die Ruhe bewahrt und mir dadurch wieder Zuversicht und Hoffnung gegeben. Gott sei Dank ist Max an seinem neunten Lebenstag erfolgreich operiert worden, hat sich unfassbar schnell und gut erholt und ist heute kerngesund.

Die Liebe ist die Köchin des Lebens,
sie macht es erst schmackhaft,
aber sie versalzt es auch oft.

(aus den »Fliegenden Blättern«)

Wie lautet Ihr Erfolgsrezept für eine glückliche Beziehung?

Ich sage immer: Wir sind deshalb schon so lange glücklich verheiratet, weil wir relativ wenig Zeit miteinander verbringen. Es ist tatsächlich so, dass wir in den ersten 15 Jahren unserer Beziehung sehr viel voneinander getrennt waren. Keine Woche, kein Tag verlief wie der andere, und das hat uns jede Form von Alltagsroutine, die viele Ehen killt, vom Hals gehalten.

Seit sieben Jahren arbeiten wir nun am Umschwung, und wenn wir das verflixte siebte Jahr überstehen, wird es wohl weiter gutgehen! Unsere Beziehung funktioniert deshalb auch so gut, weil die Rollen ganz klar verteilt sind: Ich mache alles! ☺

Auch das schönste Kleid kann man nicht essen.

(aus Zaire)

Welche Werte leben und vermitteln Sie?

Respekt vor anderen Menschen, egal, ob du mit ihnen einer Meinung bist oder nicht.

Ich denke, es sind die traditionellen und konservativen Werte, die ich auch meinen Kindern versuche zu vermitteln, weil ich an sie glaube: Ehrlichkeit, Respekt, Nächstenliebe, Bodenständigkeit, Zuverlässigkeit. Und ohne Fleiß geht's im Leben auch nicht. Ich habe von meiner Mutter gelernt, es kommt nicht aufs Äußere, sondern auf die inneren Werte an. Mit diesem Satz ernte ich allerdings bei meinen Kindern nur Gelächter, weil sie heute sagen »Mama, in welcher Welt lebst du? Natürlich kommt es auf das Äußere an.« Ich habe allerdings die Hoffnung, dass sie irgendwann merken, dass Geld und schöner Schein allein keinen glücklich machen. Und ich hoffe, dass die Bodenständigkeit, die wir den Kindern mitgegeben haben, auch zu dieser Einsicht beitragen wird.

Essen und Trinken sind die drei schönsten Dinge des Lebens.
(Willy Millowitsch)

Warum war in ihrem persönlichen Lebensrezept eine Karriere ohne Kinder nicht denkbar?

Ganz einfach; ich wollte, seit ich denken kann, immer vier Kinder haben. Wir waren zu Hause zu viert, und ich fand es super. Leider habe ich den Mann, mit dem ich diese Kinder haben wollte, erst relativ spät kennengelernt. Dann kam der schwere Herzfehler meines Sohnes bei der Geburt, und auch die Geburt meiner Tochter lief nicht ganz ohne Komplikationen. Danach haben wir den Mut verloren. Aber wir sind überglücklich, dass wir die beiden haben!!!

Kann eine von der Liebe bereitete Mahlzeit
jemals unschmackhaft sein?
(Jean Jacques Rousseau)

Wie lautet das Grundrezept für die Erziehung ihrer Kinder?

Das Grundrezept lautet: Liebe, Liebe, Liebe!
Ich glaube, es ist das Wichtigste, den Kindern das Gefühl zu vermitteln, dass sie, egal, was sie tun, welche Fehler sie auch machen, wie groß der Krach mit den Eltern auch sei, trotz allem die wichtigsten Menschen in unserem Leben sind und unendlich geliebt werden. Das heißt aber nicht, dass ich ihnen keine Grenzen aufzeige. Ich bin vielleicht nicht unbedingt eine sehr strenge Mutter, aber ich war und bin bis heute sehr konsequent. Ein Nein bleibt ein Nein! Und da die Kinder das schnell gemerkt haben, haben sie auch nie gequengelt.

Leben Sie ein modernes Familienmanagement?

Ich habe es ja schon erwähnt, ich mache alles: putzen, kochen, einkaufen, waschen, bügeln, ich kümmere mich um die schulischen Belange der Kinder, ihre Ausbildung, ihre Jobs und gehe ganz nebenbei noch täglich arbeiten.

Den Garten habe ich noch vergessen, den mache ich auch …

Ganz ehrlich: Ab und zu helfen Mann und Kinder auch mal, aber nur nach Ansage. Nee, den Garten hat Alex inzwischen auch für sich entdeckt. Aber eins ist mal sicher, irgendetwas muss ich in den vergangen 20 Jahren falsch gemacht haben, dass ich fast alles tun muss.

Ich glaube, es geht mir wie ganz vielen starken Frauen. Wir meinen immer, alles schaffen zu können. Und eine Weile stimmt das sicherlich auch. Uns ist nichts zu viel, so viel Energie und Begeisterung haben wir für Job und Kinder. Das Familienleben und die Karriere verleihen uns Flügel.

Aber irgendwann lassen die Kräfte ein bisschen nach, und dann ist es zu spät! Die Positionen sind verteilt. Aus einem Torwart machst du keinen Stürmer mehr, oder es braucht sehr viel Training. Aber dafür müsste man sich ja dann auch Zeit nehmen und die ist nicht da! Deshalb bleibt alles beim Alten!

Also Mädels, auch wenn ihr meint, alles spielend zu schaffen, tut es einfach nicht! Diese Erkenntnis muss ich übrigens meiner Tochter nicht mit auf den Weg geben. Sie hat im Grunde schon erkannt, will man Karriere und Kinder unter einen Hut bringen, sollten schon ganz früh die Rollen gerecht verteilt werden.

der Groeben

Die meisten Menschen hasten so sehr nach Genuss,
dass sie an ihm vorbeirennen. (Søren Kierkegaard)

Geht das Rezept Karriere und Kinder aus Ihrer Sicht als Mutter in Deutschland auf oder fehlen wesentliche Zutaten, die Politik und Gesellschaft noch beisteuern müssten?

Es hat sich ja bereits schon ein wenig geändert in Deutschland. Als meine Kinder klein waren, da gab es so gut wie gar keine Kitaplätze. Ich hatte das große Glück, mir durch meinen Job eine Tagesmutter leisten zu können. So wurden meine Kinder zu Hause betreut. Sie konnten nach Kindergarten und Schule mit ihren Freunden in der Nachbarschaft spielen und hatten ihr gewohntes Umfeld. Kita-Plätze für Babys und Kleinkinder gab es ja kaum, und auch heute noch ist es sehr schwierig, Kinder bis abends 20 Uhr in öffentlichen Einrichtungen betreuen zu lassen.

Natürlich gibt es heute viel mehr Kita-Plätze, aber die reichen noch lange nicht aus. Meiner Meinung nach müssen aber auch die Betriebe, die Unternehmen viel mehr für die Kinderbetreuung ihrer Angestellten tun, wenn sie auf Dauer auch die Frauenpower in vollem Umfang nutzen wollen. Nichts kostet uns Mütter mehr Kraft und Energie als die Sorge um die Betreuung der Kinder. Kita, Hort, Ganztagsschulen, Betriebskindergärten müssen flächendeckend ausgebaut und mit Tagesmüttern ergänzt werden. Das alles kostet Geld, klar.

Aber wenn ich jetzt sage, das ist eine Investition in die Zukunft, muss ich wohl 10 Euro ins Phrasenschwein werfen. Mach ich gerne. Weil's stimmt.

Wie sieht Ihr Work-Life-Balance-Rezept aus?

Kann ich diese Frage noch mal auf Deutsch haben? Nein, im Ernst, ich habe es noch nicht gefunden, dieses Rezept für die Balance.

Es ist allerdings ganz wichtig, sich mehr und mehr kleine Fluchten zu schaffen. Für mich steht da das Joggen ganz vorne oder auch mal ein Kurztrip mit meinem Mann über ein verlängertes Wochenende. Oder ich besuche einfach mal ganz alleine eine Freundin und quatsche die halbe Nacht durch.

Außerdem habe ich gelernt, auch mal »Nein« zu sagen, Nein zu den Kindern, Nein zu privaten Verpflichtungen, Nein zu mehr Arbeit. Und manchmal ist es mir sogar egal, wenn der Haushalt im Chaos versinkt, obwohl ich eigentlich sehr pedantisch und pingelig bin. Aber das kannst du auf Dauer nicht leben!

Was bedeutet Spiritualität für Sie und wie integrieren Sie Spiritualität oder Glauben in ihren Alltag?

Erst mal sind das für mich zwei völlig verschiedene Begriffe. Mit Spiritualität habe ich gar nichts am Hut. Wenn es um den Glauben geht, dann bezeichne ich mich gerne als fröhlichen Agnostiker.

Aber ich habe einen guten Kontakt zu meiner Pfarre und zu meinem Pastor, sodass das Thema Glaube immer wieder aufs Neue besprochen wird.

Meine Kinder sind getauft, im Glauben erzogen, und früher sind wir auch häufiger in die Kirche gegangen, aber inzwischen schaffen wir es nur noch zur Christmette.

Die Königin der Kochrezepte ist die Fantasie.

(Redensart)

Welchen Stellenwert hat Kochen für Sie?

Eigentlich koche ich gerne, aber nur, wenn ich sehr viel Zeit habe. Das ist leider viel zu selten der Fall. Dieses tägliche mal schnell nach der Arbeit noch einkaufen und der Familie etwas auf den Tisch zu zaubern, das finde ich anstrengend. Deshalb bin ich glücklich, dass mein Mann ein leidenschaftlicher Grillmeister ist, sodass wir zumindest recht entspannt durch den Sommer kommen. Meine Mutter war keine kreative Köchin (das, was sie kochte, schmeckte allerdings immer sehr gut), deshalb habe ich auch erst spät angefangen, mich für das Kochen zu interessieren. Da ich aber viele Freundinnen habe, die Königinnen der Küche sind, habe ich inzwischen so viel gelernt, dass wir auch den Winter überstehen. ☺ Das Lustige ist, dass wir trotz allem ganz oft Gäste zum Essen haben. Meine Tochter Carolin ist inzwischen sehr kreativ in der Küche, und so entwickeln wir gemeinsam immer neue Rezepte, die tatsächlich auch noch richtig gut schmecken.

*Für mich liegt der Wert des Essens
im geselligen Ereignis.*

(Nikos Apostolopoulos)

Gehört gemeinsame Esskultur in Ihren Alltag?

Vielleicht ist Ess»kultur« zu hoch gegriffen. Aber das gemeinsame Abendessen mit der Familie ist für uns alle ganz wichtig. Das ist der Moment des Tages, den wir, wann immer es geht, gemeinsam verbringen und zum Reden kommen. Und, wie schon gesagt, wir haben auch gerne und oft unsere Freunde dabei. Ich liebe es, mit Freunden und der Familie zusammenzusitzen, ein Kölsch oder einen guten Schluck Wein zu trinken, gut zu essen, zu diskutieren und gemeinsam zu lachen.

46

Welches Rezept kochen Sie am liebsten und warum?

Saltimbocca! Es ist zwar ein bisschen aufwändig, aber allein der Gedanke daran lässt mir jetzt schon wieder das Wasser im Mund zusammenlaufen.

Saltimbocca

Zutaten für 4 Personen:

8 sehr dünne Kalbsschnitzel

8 dünne Scheiben Parmaschinken

frisch gemahlener Pfeffer

1 Bund Salbei

5 EL Olivenöl

10 EL Marsala-Wein

Salz

Zubereitung:

Schnitzel tupfen, Schnitzel und Schinkenscheiben halbieren. Das Fleisch mit Pfeffer würzen, mit einer halbierten Schinkenscheibe und einem Salbeiblatt belegen und mit einem Holzspießchen feststecken.

Das Fleisch portionsweise zuerst mit der Salbeiseite nach unten im heißen Öl ca. 2–3 Minuten braten. Wenden und 2–3 Minuten weiterbraten. Aus der Pfanne nehmen und warm stellen.

Den Marsala-Wein ins Bratfett geben und etwas einkochen lassen. Die Soße mit Salz und Pfeffer abschmecken und eventuell durch ein Sieb gießen. Die Soße über die Saltimbocca geben.

Dazu gibt's bei uns immer nur Ciabatta-Brot, vorher meistens Tomaten mit Mozzarella.

Guten Appetit!

alla Romana

Dr. Karin Uphoff

Geboren am: 26. Juni 1961

Lebt in: Marburg an der Lahn

Familienstand: glücklich verheiratet seit 25 Jahren, 6 Kinder

Beruf: Studium der Ökotrophologie, PR- und Journalistik-Ausbildung, Promotion; Leitung diverser Agentur-Projekte, Tätigkeiten als Redakteurin, Fachjournalistin, Buchautorin und Referentin sowie Beraterin zu Marketing- und PR-Themen; Ausbildung zur Kommunikationstrainerin; heute Unternehmerin und Lehrbeauftragte an der Justus-Liebig-Universität Gießen

Mutter geworden mit: 26, 28, 29, 31, 35 und 37 Jahren

Ihre Passion: das Leben aktiv gestalten, Bildung, Eigenverantwortung, Kommunikation, Sprache, differenzierte Betrachtung von Geschlechterrollen, Wirtschaftsthemen, Sport, Lesen, Technik, Austausch mit jungen Menschen, Familie

Berufliche Leidenschaft: Öffentlichkeitsarbeit für Verbände und Unternehmen; Frauen beruflich zu mehr Sichtbarkeit verhelfen; PR-Strategien entwickeln; Kommunizieren; Netzwerken; junge Menschen fördern; Trendscouting; neue Arbeitswelten schaffen

Gründungen: »Full-Service-Agentur uphoff pr & marketing GmbH«, 2003; Institut für angewandte PR, 2011; »ladies management consulting«, 2012

Auszeichnungen: Preisträgerin »Ideenpark Gesundheit« der Financial Times Deutschland, 2011; Qualifizierten-Signet im Rahmen des Innovationspreises IT, 2011; Nominierung für den »Großen Preis des Mittelstandes«, 2012, 2011, 2010, 2009, 2008; Preisträgerin des Mittelstandsprogramms, 2010; TopFive beim EMIT-Award, 2010; Hauptpreisträgerin des Mittelstandsprogramms, 2009; EU-Unternehmensbotschafterin, 2009; 1. Sieger »Hessen-Champions: Familienfreundliches Unternehmen«, 2007

Buchpublikationen: »Nina bei der Zahntechnikerin«, »Nina bei der Hörgeräte-Akustikerin« und weitere; »Die Zwohrus«

Leitsatz: Tue, was du liebst, und liebe, was du tust.

Oder für Englisch-Liebhaber: Love it, change it or leave it.

Lass mich in deinen Suppentopf gucken
und ich sage dir, wer du bist. (aus Russland)

Was war als Kind Ihr Traumberuf?

Ich wollte gerne Leistungssportlerin werden, weil ich schon immer Spaß daran hatte, stark zu sein. Oder Schriftstellerin.

Alles Zukunfterraten ist wie kalter Braten. (Joachim Ringelnatz)

Welche Zutaten für Ihre Karriere wurden Ihnen in die Wiege gelegt, welche mussten Sie sich hart erarbeiten?

Energie, Leistungsbereitschaft, Begeisterungsfähigkeit, Kreativität, Mut, Risikofreude, Empathie, Ehrlichkeit und Optimismus sind mir gegeben. Diese Eigenschaften kommen mir privat wie in meinem Beruf zugute. Meine Kundinnen und Kunden etwa schätzen, dass ich mich in sie einfühle und ihre Wünsche mit kreativen Ideen zum Erfolg bringe. Auch, dass ich ihnen ehrlich meine Meinung sage, selbst wenn diese mal unbequem ist.

Hart erarbeitet habe ich mir, mich vom Urteil anderer unabhängiger zu machen. Und ich muss mich immer wieder disziplinieren, an einer Sache dranzubleiben, auch wenn der Reiz des Neuen verflogen ist. Außerdem habe ich mir eine gewisse innere Distanz im Umgang mit Kunden und Mitarbeitern antrainiert, um auch in schwierigen Situationen souverän und klar zu bleiben. Selbstverständlich immer im wertschätzenden und respektvollen Miteinander.

Woran ich schon immer und immer noch arbeite, ist, mich in Geduld zu üben. Diese Herausforderung wird mich bestimmt noch bis ins hohe Alter begleiten. Kennen Sie das Lied von Gitte Haenning »Ich will alles, ich will alles, und zwar sofort«? Das könnte für mich geschrieben sein.

Das Leben, die Erfahrungen und Fehler haben mir geholfen, klar zu sehen, wohin mein Weg geht. Unterstützung habe ich dabei vor allem durch mein Umfeld erfahren. Auch durch meinen Mann, der immer ein offenes Ohr hat und hinter mir und meinen Entscheidungen steht. Freunde und Mitarbeiter nicht zu unterschätzen, die mich inspirieren und Neues mit mir ausprobieren und tragen. Wichtig waren auch zwei Weiterbildungen: ein Rhetorik-Kurs, bei dem ich meine Begeisterung entdeckt habe, Vorträge zu halten und Workshops zu leiten, und ein Seminar zu Werten und Lebensstrategien, das den Impuls gegeben hat, mich selbstständig zu machen.

Mein Herr, um hierzulande zu gefallen,
muß man bei Tische große Messer
und kleine Geschichten zur Hand haben.
(Marie-Thérèse Geoffrin)

Wie wurde daraus Ihr persönliches Erfolgsrezept?

Das Leben hat mich gelehrt, mich zu fokussieren und meine Energie auf die wesentlichen Aufgaben auszurichten. Eine gute Organisation spart Zeit und Nerven. Ich investiere lieber im Vorfeld mehr Zeit in die Planung und Strategie von Projekten, als später stets nachzubessern. Auch wenn ich eine Macherin bin, die gerne alles selbst in die Hand nimmt, habe ich gelernt, Aufgaben abzugeben, um mich auf die Bereiche zu konzentrieren, die von meiner Person leben. Eine gute Portion Gelassenheit hilft mir, bessere Leistungen zu bringen. Denn Perfektionismus kann bisweilen ein Hemmschuh sein.

Auch der Mut zur Selbstdarstellung gehört zu meinen Prinzipien. Nur wer zeigt, wer er ist und was er tut, wird auch wahrgenommen. Das predige ich immer wieder meinen Kundinnen, die sich gerne hinter falscher Bescheidenheit verstecken.

Welche Rückschläge gab es in Ihrem Leben, und wie haben Sie diese gemeistert?

Aus dem Wunsch heraus, ein Trendthema im Webbereich zu bedienen, habe ich viel Geld investiert. Fehlendes Know-how, um die Situation selbst besser einzuschätzen, und falsche Ratschläge von Kooperationspartnern haben zum Scheitern geführt. Hinzu kam die Wirtschaftskrise mit mangelnder Nachfrage. Da ich gerne nach vorne blicke, habe ich das Projekt unter »Lehrgeld« verbucht. Jetzt konzentrieren mein Team und ich mich auf unsere Kernkompetenzen und tun, was wir gut können: Strategische PR-Beratung, Konzeptentwicklung, Medienarbeit für Unternehmen und Verbände. Und verstärkt auch Vorträge, Workshops und individuelle Begleitung von Führungsfrauen.

Wir sollten erst nach jemandem suchen, mit dem wir essen und trinken, bevor wir essen und trinken. (Epikur)

Wie lautet Ihr Erfolgsrezept für eine glückliche Beziehung?

Mein Mann und ich brauchen und geben uns gegenseitig viel Raum für eigene Projekte. Gleichzeitig haben wir unsere Rituale des Miteinanders: das gemeinsame Frühstück am Morgen, das gemütliche Zeitungslesen am Sonntagvormittag, der gemeinsame Spaziergang mit dem Hund vor dem Schlafengehen. Und sei es um Mitternacht.

In unserer Beziehung kann jeder so sein, wie er ist. Wir gestehen uns unsere Unterschiedlichkeit zu und akzeptieren beide Seiten der Partner-Medaille. Wenn ich meinen Mann für seine Ruhe und Ausgeglichenheit liebe, darf ich mich nicht beschweren, dass er in geselliger Runde nicht der Gesprächigste ist.

Offen und ehrlich zu kommunizieren ist in unserer Beziehung sehr wichtig.

Und: Ich erwarte nicht von meinem Partner, dass er mich glücklich macht. Für mein Glück bin einzig ich selbst verantwortlich.
Wichtig ist mir hingegen eine ähnliche Einstellung zu Werten und zum Leben. Wir sind zum Beispiel beide nicht die typischen Freizeittypen, sondern bauen lieber gemeinsam etwas auf. So arbeiten wir seit Jahren als gutes Team an Haus, Karriere und Kindererziehung.

Der Magen eines gebildeten Menschen hat die besten Eigenschaften eines edlen Herzens: Sensibilität und Dankbarkeit.
(Alexander Sergejewitsch Puschkin)

Welche Werte leben und vermitteln Sie?

Ehrlichkeit, Treue, Familiensinn, Hilfsbereitschaft, Bodenständigkeit, Wertschätzung sich selbst und anderen Menschen gegenüber, Verantwortungsbewusstsein, Gerechtigkeitsgefühl, Kooperationsbereitschaft. In der Familie spielen Vertrauen und Freiheit eine besondere Rolle. Wir vertrauen unseren Kindern und nehmen sie damit in die Verantwortung. Solange sie sich in bestimmten Grenzen bewegen, haben sie viele Freiheiten. Mit meinen Kunden ist mir das wertschätzende und vertrauensvolle Miteinander sehr wichtig.
Ich habe Kunden, für die ich bereits seit 18 Jahren Pressearbeit und Konzeptentwicklung mache und Workshops durchführe. Die zugewandte und ergebnisorientierte Art ist ein gutes Rezept für eine langfristige Zusammenarbeit.

Man fischt umsonst, wenn der Angelhaken keinen Köder hat. (aus Italien)

Warum war in Ihrem persönlichen Lebensrezept eine Karriere ohne Kinder nicht denkbar?

Wie schon gesagt: Ich wollte immer alles. Ich habe tatsächlich nie auch nur darüber nachgedacht, mich zwischen Kindern und Karriere entscheiden zu müssen. Für mich kam ein Leben ohne Kinder nie in Frage. Ich habe gerne das Gefühl, Teil einer Gesellschaft zu sein – mit Menschen aus Generationen vor und nach mir. Durch Kinder behalten wir mehr Bezug zum Leben. Auch wenn sie uns manchmal an den Rand der Verzweiflung bringen, lernen wir viel von ihnen und durch sie. Denn Kinder erden einen und öffnen den Blick für neue Welten. Karriere war für mich nie ein Selbstzweck. Ich möchte meine geistige Freiheit ausleben und Dinge bewegen, gleichzeitig aber bodenständig und verwurzelt bleiben.

Ein Kind ist kein Gefäß, das gefüllt, sondern ein Feuer, das entzündet werden soll. (François Rabelais)

Wie lautet das Grundrezept für die Erziehung Ihrer Kinder?

Wir erziehen unsere Kinder zur Eigenständigkeit und Weltoffenheit. Sie sollen tun, was sie selbst können. Auch wenn es für sie und für uns manchmal unbequem und anstrengend ist. Wir begleiten sie und sind da, wenn sie Hilfe benötigen. Ansonsten dürfen sie sich ausprobieren und haben viele Freiheiten. Nur so können sie herausfinden, wo ihre Talente liegen und wofür ihr Herz schlägt. Wenn sie etwas mit Leidenschaft tun, entwickeln sie automatisch Ausdauer und Durchhaltevermögen. Und das ist doch eine gute Schule.

Als ob es eine Kunst wäre, mit viel Geld ein anständiges Mahl herzurichten! Kinderleicht ist das, der größte Esel bringt das zuwege. Wer sein Handwerk versteht, der braucht wenig Geld und kocht trotzdem gut. (Jean-Baptiste Poquelin Molière)

Leben Sie ein modernes Familienmanagement?

In unserem Familienmodell sind Mutter, Vater und Kinder gleichberechtigt. Mit allen Rechten und Pflichten. Unsere Kinder haben sehr früh gelernt, für sich selbst verantwortlich zu sein. So organisieren sie ihre Tage weitestgehend eigenständig. Sie helfen im Haushalt, kümmern sich darum, wie sie von der Schule nach Hause oder zum Sport, zu Freunden und zur Musikstunde kommen.

Mein Mann und ich haben im Laufe der Jahre sehr unterschiedliche Modelle realisiert, je nach Lebens- und Berufssituation. Wir haben Unterstützung durch Tagesmütter, Au-pairs, Kindergarten, Hort und/oder Hausaufgabenbetreuung gehabt, private Netzwerke aufgebaut und für kritische Phasen auch mal die Schwiegereltern ins Haus geholt. Zeitweise haben wir beide dreiviertel gearbeitet, dann war mal der eine stärker beruflich unterwegs, ein anderes Mal der andere. Seit der Jüngste zwei ist, arbeiten wir beide Vollzeit. Wir haben dabei stets dafür gesorgt, betreuungstechnisch ein Netz mit doppeltem Boden zu besitzen, einen Plan B. Das hat uns ein wenig den Stress genommen in Hinblick auf unvorhersehbare Änderungen, die mit Kindern und in Führungsposition eigentlich überall lauern. Getragen wurde dies durch die Übereinkunft zwischen meinem Mann und mir, dass wir uns beide gleichermaßen um Beruf und Kinder kümmern möchten. Und durch die Überzeugung, dass es für uns, unsere Beziehung und auch für unsere Kinder das Beste ist. Selbstverständlich bedeutete es viel, viel Arbeit. Wir waren und sind auch heute noch oft bis in die Nacht hinein zugange, haben lange Jahre keine großen Urlaube gemacht und die Wochenenden zum Hausbau oder für den Haushalt gebraucht. Hilfreich ist, dass wir beide gerne »schaffen«, lieber einer Beschäftigung nachgehen, als dass wir uns »entspannen« möchten. Wir haben beispielsweise gar keinen Fernseher, schon seit über 15 Jahren nicht. Wir haben uns daran gewöhnt, mit Chaos zu leben,

mit Baustellen, mit Überraschungen. Nicht selten, dass ein beruflicher Termin die familiäre Organisation durcheinandergewirbelt hat. Oder mal spontan zehn oder zwölf Kinder zum Abendessen kamen, uns zu unseren eigenen sechs Kindern noch sechs weitere zum Zelten begleiteten. Inzwischen ist es natürlich etwas ruhiger, jetzt sind ja nur noch drei bzw. ab Sommer zwei Kinder daheim. Aus unserer Sicht lohnen sich die Anstrengungen, die zweimal Karriere + Kinder mit sich bringen. Mein Mann und ich sind mit unserer Situation beruflich und privat sehr zufrieden. Unsere Kinder gehen selbstbewusst ihren Weg, wir haben ein enges Verhältnis zueinander, auch die Kinder unter sich. Bei der Frage »Wie ist das zu schaffen?« darf man nicht unterschätzen, wie viel Energie wir aus der Liebe zu den Kindern und aus dem Familienleben schöpfen. Wie viel Anregungen daraus erwachsen. Und welche Zufriedenheit und Kraft wiederum das berufliche Schaffen liefert, sodass sich manch familiäre Herausforderung besser meistern lässt.

Willst du im laufenden Jahr ein Ergebnis sehen, so säe Samenkörner.
Willst du in zehn Jahren ein Ergebnis sehen, so setze Bäume.
Willst du das ganze Leben lang ein Ergebnis sehen,
so entwickle die Menschen. (Jakob Boßhart)

Geht das Rezept Karriere und Kinder aus Ihrer Sicht als Mutter in Deutschland auf oder fehlen wesentliche Zutaten, die Politik und Gesellschaft noch beisteuern müssten?

Auch heute sind es meist Frauen, die gegen Vorurteile wie das »Rabenmutter-Gerede« kämpfen müssen, wenn sie auch mit Kindern nicht auf beruflichen Erfolg verzichten möchten. Da muss sich in Deutschland noch viel ändern. Vor allem an der Grundeinstellung. Weg von der Präsenzorientierung, hin zu flexiblen Arbeitszeiten und -plätzen und Karrieremöglichkeiten auch in Teilzeit zum Beispiel. Mehr Betreuungsangebote für Kinder unter drei Jahren. Und Wirtschaft, Politik und Gesellschaft sind gefragt, Karrierewege wertzuschätzen, die nicht nur linear verlaufen. Das wird künftig von jungen Frauen *und* Männern eingefordert werden. Frauen selbst können noch energischer für Beruf und Kinder eintreten und sich nicht entmutigen lassen. Viele Frauen machen sich das Leben schwer, weil sie als Mutter und Mitarbeiterin oder Managerin perfekt sein möchten. Mit einer guten Organisation und mehr Gelassenheit lassen sich Karriere und Kinder auch unter schwierigen Bedingungen kombinieren.

Post cenam stabis aut passus mille meabis –
Nach dem Essen sollst du ruhn oder tausend Schritte tun.
(lateinisches Sprichwort)

Wie sieht Ihr Work-Life-Balance-Rezept aus?

Für mich sind die Grenzen zwischen »Work« und »Life« fließend. Ich arbeite sehr gerne und tue dies auch außerhalb der offiziellen Arbeitszeiten. Genauso nehme ich mir aber auch mitten am Tag mal Zeit für Privates, etwa, wenn meine Kinder mich brauchen. Was ich auf jeden Fall regelmäßig brauche, ist Bewegung. Laufen, Wandern, Fahrradfahren, Volleyballspielen, Turnen, Fitness-Center – egal. Und wenn ich mal auf andere Gedanken kommen möchte, gehe ich in den Wald, verabrede mich mit Freunden und Familie oder lese ein gutes Buch oder eine Zeitschrift. Die dürfen mich dann gerne wieder beruflich inspirieren.

Wiese und Wald, Jung und Alt, Menschen und Tiere groß und klein,
alle lädt er zu seinem Tische ein. (Tischgebet)

Was bedeutet Spiritualität für Sie und wie integrieren Sie Spiritualität oder Glauben in ihren Alltag?

Ich bin Spiritualität gegenüber offen, selbst aber nicht spirituell veranlagt. Ich glaube an die Kraft in jedem Menschen und unterstütze meine Kundinnen und

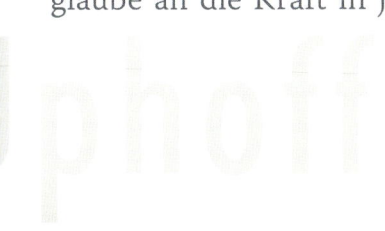

Kunden dabei, diese zu mobilisieren. Unsere Kinder sind christlich erzogen und in der Kirche. Denn sie sollen die Option haben, sich bewusst für oder gegen Religion zu entscheiden, wenn sie sich ihre eigene Meinung gebildet haben.

Jede Frau ist für gutes Essen anfällig. (Giacomo Casanova)

Welchen Stellenwert hat Kochen für Sie?

Keinen. Ich koche nicht gerne. Ich weiß, dass es für manche Entspannung und Meditation bedeutet. Für mich ist es nur etwas, was ich tun muss, und das mich von interessanteren Tätigkeiten abhält. Ich selbst muss übrigens auch nicht unbedingt warm essen – ich lebe häufig die ganze Woche über nur von Salat, Müsli und Brot. Letzteres muss allerdings gut sein, ich liebe die Vielfalt unserer Bäckereien.

Wenn ich die Wahl hätte zwischen zwei oder keiner warmen Mahlzeiten am Tag, würde ich mich eher für die kalte Küche entscheiden. Nichtsdestotrotz weiß ich es zu schätzen, wenn mich jemand bekocht, und kann gutes Essen auch genießen.

Fleisch, das ohne Frohsinn oder Musik gegessen, ist schwer verdaulich. (Walter Scott)

Gehört gemeinsame Esskultur in Ihren Alltag?

Wenn es irgend geht, frühstücken meine Familie und ich zusammen. Und der Sonntagabend ist bei uns heilig. Als noch alle Kinder im Hause waren, war das ein fester Termin für sie und uns – ab 18 Uhr waren alle daheim, und Freunde mussten dann gehen. Auch heute kommen noch alle Kinder, die im Lande sind, zum Familienessen zusammen. Wir kochen und essen gemeinsam. Und vor allem sitzen wir lange am großen Tisch und unterhalten uns. Oft bis weit in den Abend hinein.

Mein Erfolgsrezept

Wenn ich koche, dann am liebsten Gemüse-Aufläufe und -Durcheinander sowie Suppen. Also Gerichte, die gesund sind und auch dann noch (oder gerade dann) schmecken, wenn sie gut durchgezogen sind. Dafür würfele ich zusammen, was das Gemüsefach oder der Garten hergibt. Bisweilen kommen eigenwillige Gerichte dabei raus. Beispiel: Gemüse-Pfanne à la Karin Uphoff.

Gemüse-Pfann

24 kleine oder 18 mittelgroße Kartoffeln

4 gelbe Paprika

6 Zucchini

8 Tomaten

8 Möhren

1 kg Champignons

Olivenöl

200 g Frischkäse

8 TL Senf

Salz, schwarzer Pfeffer, Muskatnuss,
Rosmarin, Thymian, Blattpetersilie

Zubereitung:

Kartoffeln ungeschält garen, kalt werden lassen, pellen und würfeln.

Paprika, Zucchini, Tomaten, Möhren in Würfel schneiden. Die Pilze putzen und vierteln. Gemüse in zwei Pfannen oder einem großen Topf in Öl anbraten, etwas Wasser dazugeben und mit Rosmarin und Thymian bissfest garen. Möglichst viel Flüssigkeit verdampfen lassen. Dann die gewürfelten Kartoffeln hinzugeben und alles mit Salz, Pfeffer, Muskatnuss und Senf abschmecken. Frischkäse unterheben.

a la Karin Uphoff

Geboren am: 13. April 1961 in München als Stephanie Freiin Michel von Tüßling

Lebt in: Tüßling

Familienstand: 3-mal geschieden, lebt in einer festen Beziehung, 6 Kinder

Beruf: zunächst Studium der Forstwirtschaft mit Abschluss Diplom Forstingenieur; erst Angestellte, dann Eigentümerin des land- und forstwirtschaftlichen Betriebes Tüßling; heute Geschäftsführerin; 2. Bürgermeisterin der Marktgemeinde Tüßling; Ehrenrichterin am Sozialgericht München; Buchautorin; Ausschussmitglied im Bayerischen Waldbesitzerverband; Beiratsmitglied im Bayerischen Grundbesitzerverband

Mutter geworden mit: 28, 29, 31, 34, 38 und 40 Jahren

Ihre Passion: Engagement für SOS Kinderdörfer weltweit, Sport und Kommunalpolitik

Berufliche Leidenschaft: der Wald

Gründung der »Schloss Tüßling Events GmbH«, 2005

Auszeichnung: Verleihung des Bundesverdienstkreuzes am Bande des Verdienstordens der Bundesrepublik Deutschland, 2011

Buchpublikationen: »Wenn schon, denn schon«, 2007; »Cool Events at home«, 2008; »Decorations at home«, 2011

Leitsatz: Was du ererbt von deinen Vätern hast, erwirb es, um es zu besitzen. (Goethe)

Stephanie Gräfin Bruges von Pfuel

Was war als Kind Ihr Traumberuf?

Ich wollte Ärztin, und zwar Neurologin werden und hatte bereits im Krankenhaus ein Praktikum absolviert. Da stellte sich die Frage, was mit meinem Zuhause passieren würde. Mein Vater hatte gewisse Probleme, meinem Bruder seine Nachfolge anzuvertrauen, und wollte deshalb den ganzen Besitz Schloss Tüßling verkaufen. Ich habe eine Nacht darüber nachgedacht und ihm dann gesagt: »Ich bin bereit, mein Leben darauf einzustellen, dass ich das Erbe eines Tages übernehmen werde.« Damals war ich 16 Jahre alt, das war 1977! Ich habe mein Leben danach komplett geändert, meine Lebensplanung den neuen Aufgaben angepasst, das Medizinstudium sausen lassen und Forstwirtschaft studiert. Damals war das überhaupt nicht mein Hauptinteresse, aber es gab für mich keinen anderen Weg, da mein Vater diesen Studiengang zur Bedingung gemacht hatte. Im Studiengang Forstwirtschaft gab es in dieser Zeit 99 Jungen und zwei Mädels. Eines davon war ich, das andere hat nach einem halben Jahr das Studium geschmissen. Im November 1991 habe ich die Nachfolge meines Vaters durch Erbe angetreten.

Welche Zutaten für Ihre Karriere wurden Ihnen in die Wiege gelegt, welche mussten Sie sich hart erarbeiten?

Wir hatten eine sehr strenge Erziehung, heute würde ich das, glaube ich, fast »Dressur« nennen. Irgendwann verinnerlicht man es dann aber doch: Disziplin, Pünktlichkeit, Fleiß, Respekt! Das wurde von uns gefordert, und es gab drastische Strafen, wenn dies nicht eingehalten wurde. Hart erarbeiten musste ich mir das »Nein-Sagen«. Ich war relativ jung, als ich mit 30 Jahren plötzlich den Betrieb übernehmen musste. Viele Ideen strömten auf mich ein. Es gab zu viele Ratgeber, und nicht alle Ratschläge taugten etwas. Das »Nein-Sagen« war am Anfang sehr schwer. Eine junge Frau wie ich musste von den anderen akzeptiert werden, und das in der Forstwirtschaft, die zumindest in der Praxis von Männern dominiert wird. Inzwischen habe ich gelernt, damit umzugehen. Mit Hartnäckigkeit habe ich mir den nötigen Respekt verschafft, aber auch meine Mitarbeiter haben mir sehr geholfen. Sie sind sehr lange im Haus, halten mir den Rücken in vielen Dingen frei, und sie sind es gewohnt, absolut selbstständig zu arbeiten und eigene Ideen einzubringen. Meine Mitarbeiter sollen in erster Linie Freude an ihrer Arbeit haben und werden bei mir nicht ausgebeutet. Wenn es mir gut geht, soll es meinen Mitarbeitern auch gut gehen, und das wiederum zahlt sich aus.

> Das wär' dir ein schönes Gartengelände, wo man den Weinstock mit Würsten bände. (Johann Wolfgang von Goethe)

Wie wurde daraus Ihr persönliches Erfolgsrezept?

Ich muss mich an jedem Morgen mit gutem Gewissen im Spiegel anschauen können, und mir ist wichtig, auch in schwierigen Situationen ehrlich zu bleiben. Es gäbe sicher Ideen und Vorschläge, die kurzfristig erfolgversprechend wären, die ich aber nicht umsetze, weil ich meinen eigenen Werten treu bleiben und niemandem schaden möchte.

Ein Beispiel: Ich mache im Jahr drei bis vier öffentliche Events: meine Gartentage, den Weihnachtsmarkt und Open-Air-Konzerte. Sehr oft bekomme ich Anfragen für weitere Events. Ich mache das aber nicht, weil es für die Dorfbewohner eine echte Belastung wäre: durch den Verkehr, durch zugeparkte Flächen und durch die Unruhe, die dadurch zwangsläufig entstehen. Ich könnte mehr Geld verdienen, aber die Freundschaft und das Anliegen der Anwohner liegen mir mehr am Herzen. Wenn es mir ganz wichtig wäre, nur Geld zu scheffeln, würde ich anders denken, aber so bin ich glücklicher.

Bruges von Pfuel

Welche Rückschläge gab es in Ihrem Leben, und wie haben Sie diese gemeistert?

Persönliche Rückschläge waren für mich meine Scheidungen. Ich habe sie gemeistert, weil ich immer nach vorne schaue und etwaige Verletzungen gut alleine auskurieren kann. Das ist eine Begabung, die mir in die Wiege gelegt wurde. Rückblickend betrachtet weiß ich, dass ich in diesen Zeiten gelitten habe, aber heute ist das wie eine Leidensarbeit, die erledigt beziehungsweise abgearbeitet ist, ohne Verbitterung zu hinterlassen. Wenn Menschen mir in einer Funktion begegnen, in der Meinungsverschiedenheiten zu bewältigen sind, kann ich trotz Konflikt umschalten und mit dem Menschen außerhalb seiner Funktion persönlich völlig neutral umgehen.

Wie lautet Ihr Erfolgsrezept für eine glückliche Beziehung? Nennen Sie uns ein gelebtes Beispiel Ihrer Beziehungskultur?

Nach drei Scheidungen habe ich kein wirkliches Erfolgsrezept. Aber eines weiß ich: eine »24-Stunden-Beziehung« könnte ich nicht mehr führen. So, wie es jetzt ist, funktioniert es bestens, nämlich in einer Wochenendbeziehung. Ich brauche einfach meine Abende »allein mit mir«, an denen ich lese, nicht spreche, die Kinder im Bett sind und ich Zeit habe, mich zu sammeln. Es passieren so viele spannende Dinge um mich herum, da brauche ich Raum für mich, die Eindrücke zu verarbeiten. Wenn ich das nicht habe, bin ich nicht rund. Deshalb bin ich auch froh, dass ich auf dem Land wohne und nicht dauernd ausgehen muss.

Die Kunst ist zwar nicht das Brot, aber der Wein des Lebens. (Jean Paul)

Welche Werte leben und vermitteln Sie?

Respekt, Ehrlichkeit, Toleranz. Wichtig ist, dass die Werte verinnerlicht sind und nicht nur anerzogen. Für mich gilt hier der kategorische Imperativ »Was du nicht willst, was man dir tu', das füg auch keinem anderen zu«. In Zeiten des Turbokapitalismus und der Raffgier sollte man mit gutem Beispiel vorangehen, nämlich dass Marken nicht wichtiger als Werte sind.

Ein guter Koch muss kosten. (Redensart)

Warum war in ihrem persönlichen Lebensrezept eine Karriere ohne Kinder nicht denkbar?

Das würde ich so nicht formulieren, ich habe das nicht geplant. Ich habe in meinem Leben nicht an Karriere gedacht, sondern daran, wie ich mein Leben positiv gestalten kann, sowohl für meine Familie als auch für den Betrieb. Daran, was am besten für die Zukunft ist. Ich wollte immer gerne viele Kinder haben! Am Anfang war es schwierig, mich in die neue Situation einzufinden und nicht mehr von jetzt auf gleich Pläne verwirklichen zu können. Dann habe ich mich daran gewöhnt und gemerkt, dass es wichtigere Dinge im Leben gibt. Mutter sein ist eine andere Art der Erfüllung, ein nachhaltiger Lebensinhalt!

Kochen ist die Sache der Ernährungswissenschaft, aber auch Kunst, Abenteuer und Vergnügen. (Sydney Gordon)

Wie lautet das Grundrezept für die Erziehung ihrer Kinder?

Sehr viel Konsequenz! Worte reichen in der Erziehung nicht. Man muss die Werte vorleben, die wichtig sind. Im Übrigen: Wer beispielsweise mit Freundlichkeit und Ehrlichkeit durchs Leben geht, hat es viel leichter.

Auf Ihre konkrete Frage, wie man als Mutter die Teenager-Phase der Kids übersteht, kann ich Ihnen nur folgenden Tipp geben: Die Eltern sollten die Pubertät ihrer Kinder mit Humor nehmen. Ich lasse meine Pubertierenden nicht zu nah an mich heran, sonst leide ich als Mutter zu viel mit und bin nicht in der Lage, die Kinder zu begleiten. Es hilft, immer wieder mal aus der Rolle der Mutter herauszutreten und die Situation als Außenstehende zu betrachten. Teenager sind mal himmelhoch jauchzend, mal zu Tode betrübt, durchleidet man dieses Phasen mit, geht man selber daran kaputt. Als Mutter sollte man es tunlichst vermeiden, in die Rolle der besten Freundin der Kinder schlüpfen zu wollen, sondern eine Mutter sollte einfach die Mutter bleiben, die eben auch konsequent ist.

Die Männer lieben jene Frauen am leidenschaftlichsten, die es verstehen, ihnen die leckersten Dinge vorzusetzen. (Honoré de Balzac)

Leben Sie ein modernes Familienmanagement?

Ich habe kein Modell, da ich in einer nichtehelichen Beziehung lebe. An Wochenenden ist neben meinem Lebensgefährten oft auch mein geschiedener Mann bei uns. Wir haben es zum Glück geschafft, trotz Scheidung eine enge Freundschaft zu pflegen. Dann sind zwei Männer da. Wir verstehen uns alle bestens, was vor allem die Kinder freut. Dadurch haben sie das Gefühl, dass sie richtige Eltern haben, die zusammen sind und nicht nur einzelne Bezugspersonen. Die Ehe hat nicht geklappt, aber es gibt ehrliche Freundschaft.

Wirtschaftstheorie in einem einzigen Satz zusammengefasst: Man kann nicht essen, ohne zu bezahlen. (Milton Friedman)

Geht das Rezept Karriere und Kinder aus Ihrer Sicht als Mutter in Deutschland auf oder fehlen wesentliche Zutaten, die Politik und Gesellschaft noch beisteuern müssten?

Ich glaube, dass die Politik »Kinder und Karriere« immer sehr vereinfacht darstellt. Die Arbeitgeber bieten den Frauen vielfach nicht genügend zeitliche Flexibilität an, die für Frauen erforderlich wäre, die sowohl die Betreuung ihrer Kinder als auch einen Beruf vereinbaren müssen. In der Realität sieht es doch meistens so aus: Die Karrierefrauen, die ich kenne, haben den Ehemann im Hintergrund, der sich hauptsächlich um die Familie kümmert, oder die Großeltern. Ich halte es für falsch, dass man den Frauen einredet, man kann das alles mit Hilfe von Kindergarten und Kindertagesstätten unter einen Hut bekommen. Was ist, wenn du ein krankes Kind aus dem Kindergarten abholen musst, aber mitten in einem Vorstandsmeeting sitzt? Nur zu Hause sein, das ist auch nichts, aber eine intensive Karriere, die einen auch zeitlich sehr fordert, ist mit Kindern nach wie vor schwierig zu bewältigen. Ein Kind ist kein Auto, das man irgendwo parken kann. Es muss mit viel Zeit und mit dem Herzen begleitet werden. Ich finde, es muss nicht jede Frau, die fortschrittlich ist, Karriere machen.

Die beste Methode, das Leben angenehm zu verbringen, ist guten Kaffee zu trinken. Und wenn man keinen haben kann, so soll man versuchen, so heiter und gelassen zu sein, als hätte man guten Kaffee getrunken. (Jonathan Swift)

Wie sieht Ihr Work-Life-Balance-Rezept aus?

Ich treibe viel Sport und lasse mich dabei nicht stören, auch nicht von den Kindern. Von 17.50 Uhr bis 18.30 Uhr gehe ich auf mein »Hamsterrad« und schaue »Verbotene Liebe«. Und da sind ja auch noch meine Abende, die ich »me, myself and I« nenne. Ich brauche meine Wurzeln, wenn es mir zu viel wird, ziehe ich mich zurück, weil ich sonst krank werde.

Was bedeutet Spiritualität für Sie und wie integrieren Sie Spiritualität oder Glauben in ihren Alltag?

Ich habe ein gespaltenes Verhältnis zur katholischen Kirche. Als dreimal Geschiedene wird es einem sehr schwer gemacht, Katholikin zu bleiben. Die Dogmen verbieten den Gang zur Kommunion, und man ist irgendwie ein schwarzes Schaf, obwohl das neue Testament Liebe und Nächstenliebe zum Inhalt hat. Grundsätzlich glaube ich an die christlichen Werte und an einen Schöpfer, ob der Gott heißt oder einen anderen Namen trägt, spielt keine Rolle.

Kochen ist eine Kunst geworden, eine hohe Wissenschaft. (Robert Burton)

Welchen Stellenwert hat Kochen für Sie?

Ich koche am Wochenende mittags für alle! Meine Kinder helfen dann in der Küche. Wenn meine älteste Tochter da ist, kocht sie, denn Sophie kocht wahnsinnig gerne. Alle meine Kinder kochen und backen gerne. In meiner Funktion als stellvertretende Bürgermeisterin war ich letztens bei der Hauswirtschafts-Abschlussveranstaltung für den Qualifizierten Schulabschluss, und die Lehrer erzählten, dass die meisten Kinder heute gar nicht mehr wissen, wie man selber ein Essen zubereitet. Sie mussten deshalb den Schülern die einfachsten Dinge beibringen, wie zum Beispiel Kartoffeln schälen. Die Kinder wissen heutzutage oftmals nicht einmal mehr, wie man Zwiebeln schneidet oder Reis kocht. Hier ist das beispielhafte Vorbild so wichtig.

Die Kultur hängt von der Kochkunst ab. (Oscar Wilde)

Gehört gemeinsame Esskultur in Ihren Alltag?

Ja natürlich! Wir hatten bis vor zwei Jahren eine Küche aus den 60er-Jahren mit Uraltgeräten, die fast auseinanderfielen. Wir haben uns nicht gerne lange in dieser Küche aufgehalten, weil sie so ungemütlich war. Jetzt haben wir eine neue Küche, in der sitzen wir oft stundenlang, wie viele andere auch. Mit den Kindern gemeinsam zu essen ist sehr wichtig. Wir sitzen dann alle am Tisch, keiner steht auf oder darf rumlaufen, bis wir alle fertig sind. Es gehört zu unserer Kultur, gemeinsam zu essen. Wir besprechen Dinge, für die sonst keine Zeit ist, und wir sind gezwungen, gemeinsame Themen zu finden. Abends koche ich für die Kinder, und es kommt überhaupt nicht in Frage, dass beim Essen der Fernseher läuft.

Mein Erfolgsrezept

Tafelspitz aus Damwild mit Eiersoße.

Das habe ich in der Jugend gerne gesessen. Damwild ist das beste Fleisch, sehr mager, sehr gesund und ich weiß, dass es bei uns im Wald aufgewachsen ist. Inzwischen bin ich beim Fleischkauf sehr wählerisch, was die Herkunft des Fleisches angeht!

Damwild mit Eiersoße

ca. 1 kg Damwildfleisch aus der Hinterkeule
1 Bund Suppengemüse
2 kleine Zwiebeln, 2 Lorbeerblätter
1TL schwarze Pfefferkörner, Salz

Zubereitung:

Suppengrün putzen, waschen und klein schneiden. Zwiebeln halbieren. Ein Stück Alufolie in eine Pfanne legen. Zwiebeln mit der Schnittfläche nach unten darauflegen und hellbraun rösten.

In einem großen Topf 2,5 l Wasser mit zerkleinertem Suppengrün, gerösteten Zwiebeln, Lorbeerblättern, Pfefferkörnern und 1TL Salz zum Kochen bringen. Damwildfleisch hineinlegen und bei schwacher bis mittlerer Hitze knapp unter dem Siedepunkt in 1,5 bis 2 Stunden gar ziehen lassen. Brühe mit Salz abschmecken.

Fleisch aus dem Sud heben und quer zur Faser in dünne Scheiben schneiden.

Dazu serviert man Salzkartoffeln und Eiersoße nach dem Originalrezept meiner Mutter.

Man rührt eine Mayonnaise von 3–4 Eigelb, schmeckt sie mit Salz, Pfeffer, Senf, Fondor und einem Tropfen Essig ab. Dann gibt man 4–5 hart gekochte, klein gehackte Eier hinein und gibt zum Schluss etwas Schnittlauch dazu (man kann auch andere Kräuter dazunehmen).

Geboren am: 29. April 1966

Lebt in: Berlin

Familienstand: verheiratet, 1 Sohn

Beruf: Pfarrerin; nach journalistischer Ausbildung mit Leidenschaft fürs Radio Studium der Philosophie und Theologie, unter anderem in Jerusalem; bis 2006 Referentin für Theologie, Recht und Kultur an einem interdisziplinären Forschungsinstitut in Heidelberg; Promotion über Immanuel Kant; Forschungen zum Verhältnis von Religion und Kultur, zum Lebensbegriff und zum Verhältnis von Protestantismus und Verfassungsrecht; seit 2006 Kulturbeauftragte des Rates der EKD und Leiterin des Kulturbüros; Kolumnistin und Autorin mehrerer Bücher; seit 2010 Eisenhower-Fellow

Mutter geworden: in allerletzter Minute

Ihre Passion: Menschen, das, was in ihnen steckt, das, was sie schaffen und was sie verbergen. Kultur in all ihren Formen ist ja nichts anderes, als die stete Arbeit von Menschen an dem, was Sinn und Bedeutsamkeit stiftet.

Berufliche Leidenschaft: Christentum ist nichts von gestern, es ist eine Orientierung, die mitten ins 21. Jahrhundert passt. Deshalb existieren Christen nicht in einer weltabgewandten Sondergemeinschaft oder verschanzen sich hinter ehrwürdigen Institutionen oder festgezurrten Gewissheiten, sondern sind eine Bewegung mitten in dieser Gesellschaft, die sich einmischt und die Welt gestaltet. Dafür muss man achtsam mit Traditionen umgehen, sie aber auch hinter sich lassen, wo sich neue Formen und Sprachen des Glaubens entwickeln. Nur so wird Religion zu einer Rückbindung, die den Blick für die Zukunft frei macht und die Angst vor dem Handeln nimmt. Die Kirche soll wieder ein Raum sein, in dem kein Platz für Fatalismus ist.

Ausgewählte Buchpublikation: »Geh aus, mein Herz. Das Leben von Paul Gerhardt«, 2007; »Haltung zeigen, ein Knigge nicht nur für Christen«, 2010; »Kulturkirchen, eine Reise durch Deutschland«, 2011; »Die schamlose Gesellschaft«, 2012

Leitsatz: Unverzagt!

Dr. Petra Bahr

Mein Leitsatz ist nur ein Wort: »Unverzagt!«

In der Alltagssprache gibt es das Wort eigentlich längst nicht mehr. Es hat die Patina eines alten Erbstücks, aus ihm sprechen Trotz und Poesie. »Unverzagt« war schon das Motto meiner Großmutter. Sie hat es aus einem alten Kirchenlied von Paul Gerhardt, der mitten im Dreißigjährigen Krieg, umgeben von verwüsteten Landschaften und verwüsteten Seelen, das Hoffen und den Glauben nie verloren hat.

Viel lesen und nicht durchschauen ist viel essen und nicht verdauen. (Sprichwort)

Was war als Kind Ihr Traumberuf?

Als kleines Mädchen wollte ich Baumhausarchitektin, Hochseekapitänin oder Seeräuberin werden, mit acht Jahren dann Abenteuerromane schreiben. Es gibt noch ein paar alte Kladden, in die ich mit einer ungelenk-ungeduldigen Handschrift Geschichten geschrieben habe von einem wilden Mädchen, das Pia hieß, ihrer Bande (lauter Jungs), über die sie ein strenges Regiment führte, und einen schwarzen Hund, der sprechen konnte. Später saß ich stundenlang auf dem Ast einer großen Eiche und las. Deshalb stand in der Rubrik »Traumberuf« lange: »Leserin«. Bis heute mein Traumberuf.

Welche Zutaten für Ihre Karriere wurden Ihnen in die Wiege gelegt, welche mussten Sie sich hart erarbeiten?

Der Kopf fürs leichte Lernen wurde mir in die Wiege gelegt. Meine Eltern haben mich mit einem großen Grundvertrauen ausgestattet und neben die Leistung immer Werte wie Güte, Demut und Solidarität für Schwächere gesetzt. Ich habe mich aber lange sehr schwergetan, mich für einen beruflichen Weg zu entscheiden. Mein Ehrgeiz, wenn ich ihn denn überhaupt hatte, fand keine Richtung. Außerdem gab es so viele Einflüsterungen von außen, gegen die ich mich zu lange nicht gewehrt habe. Alles schien möglich zu sein. Schon die Studienwahl war eine Qual. Kunst oder lieber Physik? Theologie oder Medizin? Labor, Sakristei oder Redaktion? Diese Unentschlossenheit hätte leicht in einer Sackgasse enden können. Viel zu spät habe ich begriffen, dass man von den vielen Möglichkeiten eine ergreifen und loslegen muss, mit vollem Risiko und ganzem Herzen. Die verlorenen Möglichkeiten können dann getrost betrauert werden. Diese Hürde zu nehmen war mein schwerstes Examen.

Mir hat geholfen, dass es Menschen in meinem Leben gibt, zu deren Verständnis von Liebe auch ein sanfter oder heftiger Schubs gehört, die Selbstmitleid hassen wie die Pest und die wissen, wann Wolkenkuckucksheime erfunden werden und wann der Boden der Tatsachen abgeschritten werden muss. Der Beruf der Pfarrerin vereint zum Glück so viele Aspekte von Neigungen und Interessen, mit Ausnahme der Quantenphysik vielleicht, dass ich im Rückblick staune, wie ich so lange zögern konnte, mich darauf einzulassen.

Die griechische Mahlzeit ist nicht Selbstzweck,
sie ist vielmehr Vorwand und Anlass und
Initialzündung der Geselligkeit,
und sie glückt umso mehr,
je gelungener der Anlass. (Johannes Gaitanides)

Wie wurde daraus Ihr persönliches Erfolgsrezept?

Sich Ziele stecken und von Kommentatoren am Rande, den gutartigen und den bösartigen, nicht ablenken lassen. Den Verstand einschalten, aber die Intuitionen ernster nehmen. Verbündete suchen. Die Welt hat genug Einzelkämpfer. Immer den Humor behalten. Das hilft auch, mit Rückschlägen umzugehen.

Viele Menschen sind zu gut erzogen,
um mit vollem Mund zu sprechen,
aber sie haben keine Scheu,
es mit leerem Kopf zu tun. (Orson Welles)

Welche Rückschläge gab es in Ihrem Leben und wie haben Sie diese gemeistert?

Die Rückschläge waren keine offensichtlichen, die sich im Lebenslauf zeigen, sondern Umwege, die sich im Rückblick aber als goldrichtig erwiesen. Härter waren menschliche Enttäuschungen, auch einmal eine ziemlich handfeste Erfahrung von Mobbing. Wie im schlechten Film: Ein Mann wollte meinen Job und machte mir das Leben zur Hölle, mit Intrigen, falschen Gerüchten und allem, was dazugehört. Da war es wichtig, dass der private Rückhalt stimmte. Dieser Konflikt hat mich nicht nur härter und illusionsloser gemacht, sondern auch mutiger und sensibler für die Abgründe, die selbst da lauern, wo der Beruf einen Riesenspaß macht.

Wie lautet Ihr Erfolgsrezept für eine glückliche Beziehung?

Gar nicht so einfach, sich nicht aus den Augen zu verlieren. Unsere wichtigste Zutat ist das Gespräch. Wir sind beide viel unterwegs und schätzen den Freiraum. Da gibt es viel zu erzählen und zu diskutieren, nicht nur, um am Leben des anderen teilzuhaben, sondern auch, weil der andere sich verändert. Liebe ist für mich das Vergnügen, die Welt aus den Augen eines anderen kennenzulernen. Wenn uns der Alltag so im Griff hat, dass fürs Gespräch kein Platz mehr bleibt, werden wir beide schnell ungenießbar, und ich spüre, dass unsere Verbindung nicht unverbrüchlich ist. Sie muss gepflegt werden. Wenn sich dagegen manchmal ganz ungeplant ein schnelles Abendessen zu einem Gespräch bis tief in die Nacht ausweitet und wir alles um uns herum stehen und liegen lassen, dann ist unsere Verbindung danach für eine lange Zeit wieder innig und verschworen.

Welche Werte leben und vermitteln Sie?

Auf drei Grundhaltungen kommt es uns besonders an: Erstens auf die Demut, ziemlich aus der Mode gekommen, weil sie zu lange als Demütigung verstanden wurde. Demut bedeutet aber, sich die Dinge von unten anzusehen. Kleinigkeiten wachsen in dieser Perspektive in den Himmel und der Blick auf die Menschen, denen man begegnet, und aufs eigene Leben verändert sich. Viele Selbstverständlichkeiten verwandeln sich in ein Geschenk. Diese Haltung korrigiert die bisweilen maßlosen Selbstansprüche und die Neigung, an alldem hängen zu bleiben, was

Bahr

ich noch nicht geschafft, noch nicht erreicht, noch nicht getan habe. Zweitens Wahrhaftigkeit. Dazu gehört es, eigene Fehler offen einzugestehen, statt sie zu vertuschen, auch vor Mitarbeitern, dem Partner oder dem eigenen Kind. Die Bitte um Entschuldigung gehört dazu. Lüge und Selbstbetrug sind ein tödliches Gift. Den wahrhaftigen Umgang miteinander, der nicht mit Schonungslosigkeit verwechselt werden darf, üben wir; weil nicht Fehlerlosigkeit, sondern die Erfahrung von Vergebung stark und frei macht. Drittens Humor. Lachen ist die schönste Form, sich nicht so wichtig zu nehmen, für mich die alltäglichste Form der Erlösung. Mit dieser Haltung wurde ich groß. Wenn ich mich zu ernst nehme, lachen meine Männer über mich, der große und der kleine. Manchmal, wenn wir uns böse Dinge an den Kopf werfen und uns in einem Streit so richtig verfahren haben, fängt einer von uns an zu lachen. Dann kichern wir und schütteln uns über unsere eigene Lächerlichkeit aus. Das entspannt sofort.

Genießen, was ich habe, und von dem mäßigen Haufen nehmen, was ich brauche, unbekümmert, was dereinst meine Erben sagen werden.
(Horaz)

Warum war in Ihrem persönlichen Lebensrezept eine Karriere ohne Kinder nicht denkbar?

Für mich waren sowohl ein Leben ohne Karriere als auch eine Karriere ohne Kind durchaus denkbar. Sie war sogar wahrscheinlich, als klar wurde, dass mein Mann und ich keine Kinder bekommen würden. Wir haben uns gegen den Weg entschieden, alles medizinisch Mögliche auszureizen, uns mit voller Kraft in unsere berufliche Zukunft gestürzt und darüber nachgedacht, wie wir trotzdem am Leben von Kindern teilhaben können. Das geht nämlich! Es gibt Patenkinder und überlastete Freunde, Projekte und tausend Möglichkeiten, für und mit der nächsten Generation zu leben. Die Option der Adoption haben wir uns aber offengelassen, ohne unser Leben in den Wartemodus zu versetzen. Dann kam der Anruf, der unser Leben auf den Kopf stellte. »Ein kleiner Junge, ein paar Stunden alt, braucht Eltern.« Die Eltern sind nun wir und platzen vor Liebe und Stolz. Unsere Berufe hatten wir da schon.

Seien Sie vorsichtig mit Gesundheitsbüchern – Sie könnten an einem Druckfehler sterben. (Mark Twain)

Wie lautet das Grundrezept für die Erziehung ihrer Kinder?

Liebe, Humor, (Gott)vertrauen und ein großer Bogen um sämtliche Erziehungsratgeber, Erziehungsgurus oder Erziehungshasser. Dieses ganze Berlin-Mitte-Getue um die ach so hochbegabten Luxuskinder, die schon als Vierjährige auf Elite-Universitäten vorbereitet werden, ist nicht nur anstrengend, sondern auch gefährlich, weil es suggeriert, dass Erziehung eine Art Steuerungsprojekt wäre und die Eltern die Projektmanager.

Iss dich halbsatt, trink dich halbtrunken, dann lebst du ganz. (aus Russland)

Leben Sie ein modernes Familienmanagement?

Unser Familienmodell ist einfach wie ein Eierpfannekuchen: Erstens teilen wir uns die Erziehung und die Zeit mit unserem Sohn konsequent, was ziemlich viel Organisation und Kompromissbereitschaft braucht. Ehedialoge wie aus einem schlechten Film bleiben unveröffentlicht. Zweitens verabschieden wir uns regelmäßig von den drei zweitwichtigsten Terminen, auch wenn es wehtut. Drittens wir nehmen für das Kita-Fest den Kuchen aus der Packung, auch wenn eine Stimme ruft: Eine gute Mutter backt selbst. Viertens rechnen wir damit, dass alles, was so gut geplant ist, auch ganz anders kommen kann, weil der Sohn sich eine Erbse in die Nase geschoben hat, weil der Babysitter verliebt ist oder weil die Kita wegen Scharlach geschlossen hat.

Bahr

Geht das Rezept Karriere und Kinder aus Ihrer Sicht als Mutter in Deutschland auf oder fehlen wesentliche Zutaten, die Politik und Gesellschaft noch beisteuern müssten?

Wenn es nur ein paar Zutaten wären. Die Grundessenz schmeckt mir nicht. Die Infrastruktur an guten Ganztagskitas, die mehr sind als Aufbewahrungsorte, ist immer noch ungefähr so gut wie das deutsche Autobahnnetz in den Fünfzigern. Die Debatten um das wahre Mutterglück sind immer noch so hoch ideologisch wie in den Siebzigern. Wir diskutieren lieber über das Für und Wider der Fremdbetreuung statt über eine bessere frühkindliche Pädagogik, wir träumen von neuen Männern und überlassen die (schlecht bezahlten) Erzieherinnenjobs den Frauen, wir applaudieren zu Sonntagsreden über Bildung als Zukunftsressource und lassen die Kindergärten und Schulen verfallen. Entideologisieren wir uns! Dann werden wir in dieser Frage vielleicht auch politikfähig. Frauen sollen sich gegen eine Karriere entscheiden dürfen. Und gegen Kinder. Oder für das eine und das andere. Weil sie es können. Mir kommt Deutschland in dieser Angelegenheit so unflexibel und trotzig vor wie eine alte Tante, die von der Nachbarschaft partout nichts lernen will.

Arbeite nie vor dem Frühstück;
musst du vor dem Frühstück arbeiten,
iss erst dein Frühstück (Joseph Billings)

Wie sieht Ihr Work-Life-Balance-Rezept aus?

Die Frage setzt voraus, dass ich zwischen Arbeit und Leben trennen könnte, als machten die beiden Bereiche halbe-halbe oder teilten mich in Prozente auf. Bei meinem Beruf geht das nicht. Ein Predigteinstieg fällt mir eher am Rande des

Kletterparks ein als am aufgeräumten Schreibtisch. Seelsorgerliche Gespräche begleiten mich auch in den Abend. Große Projekte fordern ganzen Einsatz. Gedanken für ein Buch kommen mir, wenn ich mit meinem Sohn vor dem Giraffenhaus stehe. Es gibt natürlich auch stressige Zeiten, in denen ich meinen Job ins Land wünsche, wo der Pfeffer wächst – oder meinen Mann und mein Kind. Da hilft mir eine erste Regel: zwischen 17 und 20 Uhr kein Handy, kein Laptop und kein Termin. Mein Mann ist Wissenschaftler, deshalb kennt er diese Mixtur. Wenn einer von uns Tag und Nacht von einem Projekt absorbiert wird oder auf Reisen ist, ist der andere zu Hause. Es gibt aber auch Phasen, in denen ich morgens zwei Stunden mit meinem Sohn durch den Park schlendere, weil wir beide keine Lust auf Kita oder Büro haben, an einem ganz normalen Dienstag. Kinder kurieren einen ja sowieso schnell von der Allgegenwärtigkeit des Berufs und der eigenen Unersetzbarkeit. Einmal Masern und man weiß, wie ersetzbar man ist ... Ach ja, und mein Mann und ich haben begonnen, uns einmal in der Woche zu verabreden. Das steht jetzt im Terminkalender mit kleinem roten Ausrufezeichen.

Für dich und für mich –
ist der Tisch gedeckt,
hab Dank lieber Gott,
dass es uns jetzt schmeckt.
(Tischgebet)

Was bedeutet Spiritualität für Sie und wie integrieren Sie Spiritualität oder Glauben in ihren Alltag?

Spiritualität ist geistiges Atemholen. Lebenswichtig. Im Grunde passt mein Glaube ganz gut in das Gewusel des Alltags. Er ist so was wie eine unsichtbare Orientierung, manchmal nur eine klitzekleine Frage, die sich in die Ecke quetscht: Was ist wirklich wichtig? Martin Luther hat von den letzten und von den vorletzten

Dingen gesprochen. Das gefällt mir, weil diese Unterscheidung das Leben mit seinen Kleinigkeiten, Herausforderungen und Freuden nicht entwertet. Für Momente der Vergewisserung brauche ich Ruhe. Diese Ruhe muss ich mir nehmen. Sie kommt nicht von selbst. Deshalb mag ich leere Kirchen. Als Pfarrerin mag ich sie natürlich gerne voll und laut und feierlich. Aber im Alltag sind leere Kirchen meine Rückzugsorte. In ihren Mauern stecken die Hoffnungen und Zweifel, die Lieder und Gebete von Generationen von Menschen vor mir. Wenn ich mich auf Gott ausrichte, finde ich mich selbst. Die Dinge rücken dort meistens wie von selbst in die angemessenen Größenverhältnisse zurück. Diese Freiräume zu suchen kostet mich auch Überwindung. Es ist wie mit dem Joggen. Ich verschiebe es immer wieder, weil ich glaube, keine Zeit dafür zu haben. Aber wenn ich laufe, merke ich, wie gut es mir tut.

Wer einen guten Braten macht,
hat auch ein gutes Herz. (Wilhelm Busch)

Welche Bedeutung hat für Sie das Kochen?

Kochen entspannt mich und regt mich gleichzeitig an. Wenn ich Gemüse schneide und allmählich der aromatische Duft des Bratens in die Nase steigt, das Soufflé gelingt und im Radio mein Lieblingstitel läuft, ist die Welt perfekt. Nur jetzt nichts anbrennen lassen ...

Das Vergnügen der Tafel gehört jedem Alter,
jedem Stand, jedem Land und jeder Zeit an ...
(Jean Anthèlme Brillat-Savarin)

Gehört gemeinsame Esskultur in Ihren Alltag?

Ja, unbedingt. Vielleicht sind unsere Essensrituale sogar so was wie das geheime Kraftzentrum. Wir essen gerne ausgiebig, als Familie, mit Freunden und mit Menschen, die wir noch gar nicht gut kennen. Essen ist Geselligkeit mit allen Sinnen. Deshalb mag ich auch große Gelage mit mehreren Gängen und ausgewähltem Wein, wo die Diskussionen auch mal hitzig werden. Spätestens bei der Mousse weiß man, ob man sich wirklich was zu sagen hat.

Mein Erfolgsrezept

Ich probiere gerne Neues aus, deshalb bin ich den Lieblingsrezepten nie lange treu. Aber dieses ist der aktuelle Favorit meiner Männer. Sie durften es auswählen. Spaghetti mit Möhrenpesto – Kinder mögen es, Erwachsene freuen sich an den feinen Aromen und genießen einen kühlen Riesling dazu.

Spaghetti

Zutaten:

600 g Möhren

125 g Schalotten

1 rote Chilischote

6 EL Olivenöl

5 EL Honig

100 g Pinienkerne

1 TL fein abger. Bio-Orangenschale

2 TL frische Thymianblättchen

70 g Parmesan

100 g Fetakäse

abger. Schale einer Bio-Zitrone

Salz, weißer Pfeffer aus der Mühle

300 g Spaghetti

Basilikumblätter zum Bestreuen

Zubereitung:

Möhren putzen und klein würfeln. Zwiebeln schälen, Chili putzen, beides klein
würfeln. Alles zusammen in 4 EL Olivenöl andünsten. Salzen, Honig zugeben und
bissfest karamellisieren. Das dauert etwa 5 Minuten, dabei öfter umrühren. Pinienkerne in einer Pfanne ohne Fett goldbraun rösten. Orangenschale und Thymian
untermischen. Möhren, Parmesan, Pinienkerne mischen und feinstückig pürieren.
Fetakäse in dünne Scheiben schneiden. 2 EL Olivenöl, Zitronenschale und grob
gemahlenen Pfeffer verrühren und auf dem Käse verteilen. Nudeln in Salzwasser
bissfest kochen. Abtropfen lassen, mit Möhrenpesto vermischen und mit Basili-
kum bestreuen. Anrichten.

mit Möhrenpesto

Geboren: 4. Mai 1956 in Frankfurt am Main

Lebt im Bergischen Land in der Nähe von Köln

Familienstand: seit 25 Jahren verheiratet, 2 Töchter

Beruf: Diplom-Sportlehrerin; erst 11 Jahre in der Gesundheitsprävention bei der BKK Bayer AG tätig, heute in der Leichtathletik-Abteilung des TSV Bayer 04 Leverkusen

Mutter geworden mit: 32 und 37 Jahren

Ihre Passion: Unterstützung der Sportstiftung NRW auf ehrenamtlicher Basis

Leidenschaft: Sport ist mein Leben auf allen Ebenen; im Privaten, im Kindertraining, im Verein und in der Schule sowie für die Sporthilfe NRW, die Stiftung Deutsche Sporthilfe, für den DOSB (Deutscher Olympischer Sportbund), die IAAF (Welt-Leichtathletik-Verband) und das IOC (Internationales Olympisches Komitee)

Sportliche Erfolge: Olympiasieg München 1972 mit Weltrekord 1,92 m; Deutsche Jugendmeisterin 1972; Deutsche Meisterin 1973, 1975, 1979, 1980, 1981, 1982, 1983; Deutsche Hallen-Meisterin 1979; Weltpokal 1. Platz und Europapokal 1. Platz 1981; Europameisterin 1982 mit Weltrekord 2,02 m; Europa Hallen-Meisterin 1982, 1983, 1984; Vize-Weltmeisterin 1983; Europapokal 1. Platz mit Weltrekord 2,03 m 1983; Olympiasieg Los Angeles 1984 mit Olympischem Rekord 2,02 m

Ende der Sportkarriere 1984. Einstieg ins Berufsleben 1986

Auszeichnungen: Silbernes Lorbeerblatt 1972; Sportlerin des Jahres 1981, 1982, 1983, 1984; Silbernes Lorbeerblatt, Bambi und Goldene Kamera 1984; Verdienstorden des Landes Nordrhein-Westfalen 1996; 1999 »Helenic Women Award«, »Welt-Jahrhundert-Hochspringerin«, »Deutschlands Jahrhundert-Sportlerin Nr. 2«; »Deutschlands Springerin des Jahrhunderts«; 2004 Umbenennung des Stadions der Stadt Wesseling in »Ulrike-Meyfarth-Stadion«; 2008 Gewinnerin der Zuschauerwahl in der ZDF-Sendung »Unsere Besten – Olympischen Momente«; 2011 Aufnahme in die Hall of Fame des Deutschen Sports

Leitsatz: Es kommt immer anders, als man denkt.

Ulrike Nasse-Meyfarth

Als Kind ist jeder ein Künstler. Die Schwierigkeit liegt darin, als Erwachsener einer zu bleiben. (Pablo Picasso)

Was war als Kind Ihr Traumberuf?

Als Kind wäre ich gerne Malerin oder Modezeichnerin geworden. Ich habe gerne Menschen gezeichnet, später als Leistungssportlerin habe ich mich mit Papier und Bleistift in Sportbewegungen hineingedacht. In den Jahren des Leistungssports habe ich mich zeichnerisch auch mit dem Hochsprung, dem Flop, beschäftigt, um mir über die unterschiedlichen Bewegungsphasen klar zu werden. Mit zwölf Jahren fing ich in Wesseling mit der Leichtathletik an. Ich bin schnell und groß gewachsen. Daher waren meine Eltern unbedingt dafür, dass ich in den Sportverein gehe. Mit 14 Jahren war ich bereits 1,80 m groß. Das war natürlich in dem Alter überhaupt nicht einfach für ein Mädchen. Das Schöne am Sport war, dass ich dort sehr viele Freunde fand und mir der Sport ungemein viel Spaß machte. Dass aus diesem Spaß dann plötzlich Ernst wurde, hat mich quasi überrollt. Das Zeichnen ist aber bis heute mein Hobby geblieben.

Mit dem Geist ist es wie mit dem Magen – man kann ihm nur Dinge zumuten, die er verdauen kann. (Winston Churchill)

Welche Zutaten für Ihre Karriere wurden Ihnen in die Wiege gelegt, welche mussten Sie sich hart erarbeiten?

Mit 14 Jahren bin ich 1,68 m hoch gesprungen, das war deutscher Schülerinnenrekord. Mit 15 Jahren wurde ich mit 1,80 m Deutsche Vizemeisterin, mit 16 Jahren übersprang ich die 1,90-m-Marke und schaffte es damit, zur jüngsten Leichtathletik-Olympiasiegerin in einem Einzelwettbewerb zu werden. Danach habe ich die Latte auf 1,92 m legen lassen und den Weltrekord eingestellt. Bis zu meinem 16. Lebensjahr lief bei mir alles über mein Talent und mit relativ wenig Trainingseinsatz. Diese Leistung war für die Leichtathletik-Fachwelt eine riesige

Überraschung, nicht zuletzt natürlich auch für mich. Erst mit der Zeit stellte ich fest, dass es schwieriger ist, eine Leistung, die einem in den Schoß gefallen ist, aufzuarbeiten, als eine Leistung bewusst zu erarbeiten.

Die Spitzenleistungen im Hochsprung zogen nach meinen vorgelegten 1,92 m stetig weltweit an. Die Grundlage dafür hatte eine neue Hochsprungtechnik geschaffen, mit der zum ersten Mal Dick Fosbury 1968 bei den Olympischen Spielen in Mexiko Erfolg hatte und auch noch Gold holte. Für mich die richtige Zeit, diese Technik zu erlernen, was mir die Möglichkeit brachte, meine beträchtlich älteren Konkurrentinnen, die noch die althergebrachte Straddle-Technik sprangen, nicht nur einzuholen, sondern auch, bis auf eine (Ilona Gusenauer), zu überholen. Nach meinem Olympiasieg ging zunächst die Schule weiter, und ich habe mein Abitur gemacht. Gleichzeitig stand ich unter dem Druck, die Leistung von Olympia 1972 bestätigen zu müssen. Plötzlich sprang ich nur noch 1,83 m, anstatt die 1,92 m zu bestätigen. Mein Trainer Günther Janietz konnte den Druck nicht rausnehmen und keine Distanz zur Leistung schaffen. Das hätte ich in dieser Zeit aber dringend gebraucht. Ich erlitt einen Ermüdungsbruch im Mittelfuß und bin außerdem bis zu meinem 18. Lebensjahr noch gewachsen. In mir keimte der Gedanke, die Leistung aus den früheren Jahren unbedingt bestätigen zu müssen, denn ich wollte beweisen, dass mein Olympiasieg keine Eintagsfliege war. Aber vier Jahre nach München, bei den Olympischen Spielen 1976 in Montreal, qualifizierte ich mich nicht einmal für das Finale. Danach beschloss ich, mein Umfeld zu ändern. Inzwischen war ich Sportstudentin an der Sporthochschule in Köln und fragte Gerd Osenberg, den erfolgreichen Leichtathletik-Trainer des damaligen TuS 04 Leverkusen, ob er mich trainieren wolle.

Die Arbeit mit Gerd Osenberg brachte mir wieder Spaß an meiner Disziplin, und ich glaubte fest an mein sportliches Potenzial. Im Jahr darauf sprang ich schon wieder 1,95 m und wurde damit deutsche Vizemeisterin. Plötzlich war ich wieder in beachtlichen nationalen und internationalen Rängen. Inzwischen hatte die DDR-Sportlerin Rosi Ackermann die magischen 2,00 m übersprungen. Diese Leistung zu erreichen bzw. zu überbieten, war zu dieser Zeit mein neues Ziel.

1982 war es dann so weit. Ich bin mit 2,02 m in Athen Europameisterin mit neuem Weltrekord geworden. 1983 wurde ich nur Vize-Weltmeisterin, doch zwei Wochen später sprang ich einen neuen Weltrekord mit 2,03 m. Es war ein Krimi, den ich mir mit Tamara Bykowa geliefert hatte. Aber innerhalb einer Woche luchste mir die Russin den Weltrekord wieder ab. Im darauffolgenden Jahr 1984 boykottierte der Ostblock mit Russland die Olympischen Spiele in Kalifornien. Mit Tamara wäre der olympische Wettkampf noch spannender geworden. So rang ich die Favoritin, die Italienerin Sara Simeoni, nieder und wurde mit der olympischen Rekordhöhe von 2,02 m erneut Olympiasiegerin. Mit diesem Höhepunkt und gerade 28 Jahre alt beendete ich meine leistungssportliche Karriere.

Kontrolliert euren Appetit, ihr Lieben, und ihr habt die menschliche Natur erobert. (Charles Dickens)

Wie wurde daraus Ihr persönliches Erfolgsrezept?

Als Sportlerin muss man phasenweise sehr fokussiert leben, denn der gesamte Tagesablauf wird durch das Training, bis zu zwölf Mal in der Woche, bestimmt. Studiert habe ich natürlich viel länger als eine Studentin, die nicht dem Leistungssport nachgeht, allerdings habe ich mich nie beurlauben lassen und mein Studium als Diplom-Sportlehrerin beendet.

Meine Tage waren damals sehr strukturiert. Zwischen den Trainingseinheiten brauchte man seine Ruhe, und eine gute Ernährung war wichtig. Der Körper braucht Erholungsphasen, damit man am nächsten Morgen um 10 Uhr relativ ausgeruht wieder auf den Platz gehen kann. Lange Trainingszeiten sind für Leichtathleten normal. Die Meister werden im Winter in der Halle gemacht. Ich konnte weder bis Mitternacht auf Partys gehen noch wahllos essen, denn ich musste immer auf mein Gewicht achten, wenn auch nicht so extrem, wie das die Hochspringerinnen heutzutage tun. Das Erfolgsrezept lautet: Disziplin! Als Sportler muss man eben positiv verrückt sein.

Welche Rückschläge gab es in Ihrem Leben und wie haben Sie diese gemeistert?

Die Rückschläge waren während meiner sportlichen Laufbahn die Phasen der Misserfolge nach der ersten Goldmedaille. Josef Neckermann, der Begründer der seit 1968 existierenden Stiftung Deutsche Sporthilfe, amüsierte sich 1972 über »die billigste Goldmedaille«, denn ich wurde zu dieser Zeit noch nicht von der Deutschen Sporthilfe unterstützt. Ich hätte aber von meinem Umfeld, angefangen bei der Schule über meinen Trainer bis hin zur mich vereinnahmenden Öffentlichkeit, eine weniger hohe Erwartungshaltung gebraucht. Letztlich habe ich mich aus dieser Situation mit eisernem Willen und eigener Kraft selbst wieder herausgearbeitet.

Wie lautet Ihr Erfolgsrezept für eine glückliche Beziehung?

Vor 25 Jahren haben mein Mann und ich uns an einem Freitag, den 13., getraut zu heiraten.

Mein Mann ist als ehemaliger Bundesliga-Handballspieler wie ich dem Sport verbunden. Er, der temperamentvolle und kontaktfreudige Teamplayer, und ich mit der Mentalität einer ausgeglichenen Einzelsportlerin ergänzen uns sehr gut – in der Ehe und bei unseren Freunden und Bekannten.

Bescheiden ist, wer den Käse mit den größten Löchern isst.

(Adolph Freiherr von Knigge)

Welche Werte leben und vermitteln Sie?

In einer Familie sind strukturierte Tagesabläufe wichtig, zusammen essen, zusammen kochen, regelmäßig Sport treiben und gemeinsame Interessen haben. Meine früheren sportlichen Erfolge sind kein Thema, wenn meine Töchter daheim ihre eigenen kleinen Sorgen besprechen wollen. Im Supermarkt an der Wursttheke bin ich die Frau Nasse.

Den Nachwuchs-Athleten in meiner Sportgruppe versuche ich Disziplin beizubringen, denn das muss einfach sein, wenn man eine organisierte Trainingsstunde durchführen möchte. Die Kinder müssen sich im Training auf eine Sache fokussieren können und dürfen nicht alle fünf Minuten etwas Neues wollen. Ich achte zum Beispiel darauf, dass sie keine Cola zum Training mitbringen, sondern Wasser trinken. Außerdem ist Höflichkeit bei den jungen Leichtathleten wichtig. Die Eltern müssen die Werte allerdings auch vorleben, anders geht es nicht.

Wer ohne Kräuter kocht, kann auch gleich bei Wasser und Brot bleiben.

(Otto Basil)

Warum war in ihrem persönlichen Lebensrezept eine Karriere ohne Kinder nicht denkbar?

Ich habe mir immer ein Leben in einer kleinen Familie mit Kindern vorgestellt. Ich wurde erst nach meiner sportlichen Laufbahn Mutter, mit 32 und 37 Jahren. Als Leistungssportlerin verfolgt man seine Sportkarriere normalerweise ohne eigene Kinder. Als meine Töchter geboren wurden, war ich inzwischen im Gesundheitsberatungszentrum der BKK Bayer beschäftigt, und mit den üblichen Mutterschutzregelungen und der Hilfe einer Kinderfrau konnten wir das sehr gut organisieren.

Wie lautet das Grundrezept für die Erziehung ihrer Kinder?

Am Tag war der Mittagstisch immer sehr wichtig. Die Kinder konnten hier die schulischen Erlebnisse besprechen und schöne und weniger angenehme Erfahrungen mit Lehrern und Mitschülern loswerden. Für mich war es auch völlig in Ordnung, die »Taxi-Mama« zu spielen und eine »Horde kleiner Weiber« hin- und herzukutschieren. Unsere Mädels durften einige Freizeitangebote ausprobieren, von der Musikschule über die Leichtathletik bis zum Tanzen. Aber von durchgeplanter und veranstalteter Kindheit mit voll gestopften Nachmittagsterminen halte ich nichts. Durchaus hätten mein Mann und ich unsere Töchter unterstützt, wenn sie den Leistungssport gewollt hätten. Sie haben auch gut mit der Leichathletik angefangen und sind beide Deutsche Meister mit der Jugendmannschaft des TSV Bayer 04 Leverkusen geworden. Aber es ging ihnen doch mehr und mehr auf den Geist, immer auf ihre Mutter angesprochen und an deren Erfolgen gemessen zu werden. Daher haben sie sich anderen Dingen zugewandt, die Ältere dem leistungsmäßigen Tanz, die Jüngere dem Volleyball.

Leben Sie ein modernes Familienmanagement?

Wir leben ein traditionelles Modell. Auf meinen Mann als selbstständiger und stark beanspruchter Anwalt konnte ich in familienorganisatorischen Dingen nicht immer zählen. Ich schmeiße den Haushalt, heutzutage ist es ja nicht mehr so wild mit Waschmaschine und Trockner. Ich habe eine 25-Stunden-Anstellung und teile mir Arbeit und Haushalt ein. Als die Kinder klein waren und ich drei Tage in der Woche gearbeitet habe, unterstützte mich eine Kinderfrau. Die Kinder sagen heute noch: »Unsere Kinderfrau hat uns eine ganze Menge beigebracht, etwa mit Messer und Gabel umzugehen.« Auch wenn mein Mann und ich häufiger beruflich verreisen mussten, sprang die Kinderfrau ein. Das war kein Luxus, sondern eine Investition in unseren Beruf, zu dem bei mir auch der als »Ulrike Meyfarth« gehört. Diesen Punkt stelle ich mir für alleinerziehende Mütter besonders in finanzieller Hinsicht schwierig vor, genauso wie die verzweifelte Suche nach einer geeigneten Tagesstätte, in die man ein Kind möglicherweise schon vor dem dritten Lebensjahr geben soll beziehungsweise muss.

Als wir noch dünner waren, standen wir uns näher.

(Georg Kreisler)

Geht das Rezept Karriere und Kinder aus Ihrer Sicht als Mutter in Deutschland auf oder fehlen wesentliche Zutaten, die Politik und Gesellschaft noch beisteuern müssten?

Ich habe meine Kinder um Punkt 12.00 Uhr aus dem Kindergarten holen müssen, und das war immer mit sehr viel Stress für mich verbunden, wenn das nicht die Kinderfrau übernommen hat. Flexible Öffnungszeiten der Kitas sind wünschenswert. Hier muss noch viel mehr auf die unterschiedlichen Bedürfnisse der Mütter eingegangen werden. Ebenso sind flexiblere Arbeitszeiten für Eltern ein wichtiger Punkt. Unternehmen sollten sich generell mehr auf Familien ausrichten. Die Betreuung in den Kindergärten und Grundschulen muss professionell auf die Förderung von Kindern ausgerichtet sein. Grundsätzlich sollte die Kinderbetreuung besser bezahlt werden, da immer komplexere Aufgaben an die Erzieher gestellt werden. Kinder mit Migrationshintergrund zum Beispiel sollten die deutsche Sprache unbedingt schon im Kindergarten erlernen.

In Bezug auf die Sportvereine sollten sich Pädagogen und Vereinstrainer vermehrt zusammentun. Vereine haben nachmittags freie Hallenkapazitäten, da die Schulen mittlerweile mit offenen Ganztagsangeboten den Vereinen die Mitglieder abgraben. Hier muss wesentlich enger koordiniert werden. Schulen und Sportvereine müssen sich füreinander öffnen; dasselbe gilt auch für Musikschulen oder ähnliche Einrichtungen.

An apple a day keeps the doctor away.
Ein Apfel am Tag hält den Doktor fern. (aus England)

Wie sieht Ihr Work-Life-Balance-Rezept aus?

Ich hole mir die Ruhe, wenn ich sie brauche! Ich lege mich, wenn es geht, mittags 20 Minuten hin, danach bin ich energiegeladen. Ich lese abends viel. Zweimal in der Woche machen mein Mann und ich gemeinsam Sport; wir joggen und machen Gymnastik und Krafttraining. Wir essen sehr bewusst und gesund und achten auf unser Gewicht.

Auch dem Frömmsten ist sein tägliches Mittagessen wichtiger als das Abendmahl. (Friedrich Nietzsche)

Was bedeutet Spiritualität für Sie, und wie integrieren Sie Spiritualität oder Glauben in ihren Alltag?

Ach du jeh! Ich bin überhaupt nicht religiös. Die Familie geht aber ein Mal im Jahr, nämlich Heiligabend, in die dann immer proppenvolle Kirche. Der Gottesdienst gibt mir persönlich nicht viel. Die alten Liturgien der Kirche sind mir nicht nahegebracht worden. Ich finde, die Kirche müsste viel mehr auf die Dinge eingehen, die uns täglich beschäftigen. Die Kirche an sich finde ich wichtig, da sie viele Institutionen, wie Trägerschaften von Kindergärten, Schulen und Alteneinrichtungen, unterhält, die gefördert werden sollten. Deshalb bin ich auch nie aus der Kirche ausgetreten und bezahle Kirchensteuern.

Nasse-Meyfarth

Derart gewachsene Strukturen sind gesellschaftspolitisch wichtig und dürfen nicht vernachlässigt werden. Ich habe gegen keine Religion etwas, nur was gegen antiquierte Einstellungen und fundamentalistische Auslegungen, wie sie in allen Religionen anzutreffen sind.

Deine Nahrungsmittel seien deine Heilmittel. (Hippokrates)

Welchen Stellenwert hat Kochen für Sie?

Kochen ist für mich zwar nicht so die Erfüllung, aber als Pflichterfüllung für die Familie mache ich das Wichtigste. Ich habe immer etwas Frisches im Kühlschrank, was ich verarbeiten kann.

Meine Töchter scheuen sich nicht, selbst am Herd kreativ zu sein. Fastfood ist für mich nicht unbedingt ein »No-Go«, wir hatten auch in einem bestimmten Alter unserer Töchter eine Burger-Phase, aber jeden Tag Pizza geht auf die Figur. Das haben inzwischen auch unsere Töchter sehr gut begriffen. Obst und Gemüse sind wichtig.

Bei uns kommt keine Cola auf den Tisch, überhaupt keine Softdrinks. Gemixte Apfelschorle darf es sein. In den Supermärkten wähle ich schon aus zwischen dem unübersichtlichen Angebot der Herstellungsraffinessen von Lebensmittel-produkten und den naturbelassenen Dingen. In einem Apfel ist so viel drin, was die »Milchschnitte« einfach nicht bieten kann.

Kinder müssen erleben, wie ein vernünftiges Essen zusammengestellt und gekocht wird und müssen das auch selber ausprobieren dürfen.

Gehört gemeinsame Esskultur in Ihren Alltag?

Wenn es die Situation erlaubt, das heißt wenn alle an Bord sind, dann gehört das Familienessen in unseren Alltag; sei es Frühstück, Mittag- oder Abendessen. Die Kommunikation dabei ist das Entscheidende, und kochtechnisch haben es bisher alle bei mir überlebt.

Mein Erfolgsrezept: Nudeln mit Käsesauce

Käsesoße: Mehlschwitze anrühren, mit heißem Wasser aufgießen, dann mit Milch aufschütten, wer will auch mit Sahne.

Käsemischung: Gorgonzola und Mascarpone. Gut in der Soße auflösen. Suppengewürz ohne Glutamat hinzugeben und dann mit Pfeffer abschmecken. Ganz wichtig: Salbei hinzufügen.

Nudeln, Spaghetti oder Lockennudeln separat kochen.

Almaz Böhm

Geboren am: 22. September 1964 in Jijiga, Äthiopien, als sechstes Kind der Großfamilie Teshome

Lebt in: Österreich

Familienstand: verheiratet, 2 Kinder

Beruf: ungewöhnlich gute Schulausbildung für äthiopische Verhältnisse; Abschluss an der Shimelis Habte Secondary School in Addis Abeba, dann Studium am Agricultural College, Awassa; zunächst Abteilungsleiterin und Viehzuchtexpertin bei »Menschen für Menschen« im Erer-Tal; dann stellvertretende Vorsitzende der Stiftung, Vorsitzende des Stiftungsrates; heute Leiterin und Vorstandsvorsitzende von »Menschen für Menschen«, Deutschland und Österreich; Präsidentin des Stiftungsrates von »Menschen für Menschen« Schweiz

Mutter geworden mit: 26 und 28 Jahren

Ihre Passion: ihre Familie und Äthiopien

Berufliche Leidenschaft: »Menschen für Menschen«

Buchpublikationen: »Finde Dein Glück«, 2004; »Kein Weg zu weit«, 2009

Auszeichnungen: Ehrenmitglied des Lehrkörpers im Landwirtschaftlichen Institut der Universität der westäthiopischen Stadt Jimma, 2005; Euriade-Ehrennadel in Gold der Stiftung Euriade, Aachen 2008; Top Frau 2009 »Woman«-Magazin Österreich; Merit Award des Zonta Clubs, Wien 2010; Blaues Herz der City Stiftung Berlin, 2010; »Mensch des Jahres« durch Flex Fons Kapitalanlagen Deutschland, 2011; Essl Social Prize 2011 der Essl Foundation an Almaz und Karlheinz Böhm, Wien 2011; Madonna Leading Ladies Award, Wien 2011

Leitsatz: Menschen für Menschen

Was war als Kind Ihr Traumberuf?

In meiner Kindheit war es in Äthiopien noch alles andere als selbstverständlich, dass eine Frau einen Beruf ausübte. Traditionell war ihre Rolle die einer Ehefrau und Mutter, die für Heim und Familie sorgt. Selbst die Tatsache, dass meine Eltern alle ihre sechs Kinder – auch die Mädchen – zur Schule schickten, war zu der damaligen Zeit noch etwas Besonderes. Obwohl mir das als Kind natürlich nicht bewusst war, bin ich schon von der Vorschule an immer gerne zum Unterricht gegangen und habe mich angestrengt, gute Noten zu bekommen. Als ich dann meinen Highschool-Abschluss hatte und damit die Möglichkeit zu studieren, interessierte ich mich besonders für den Bereich Betriebswirtschaft. Allerdings gab es damals in ganz Äthiopien noch nicht genügend Studienplätze für alle Bewerber. Deshalb musste man im Antrag mehrere Alternativen angeben und wurde dann dem Fach zugeteilt, für das es einen freien Platz gab. Bei mir wurde es die Landwirtschaft mit Schwerpunkt Viehzucht. Auch wenn es nicht meine erste Wahl war, machte ich das Beste aus dieser Studienmöglichkeit. Im Nachhinein kann ich es sogar als positiven Wink des Schicksals betrachten, dass ich nicht für den Wirtschaftsbereich angenommen wurde, denn es war ja schließlich meine Qualifikation als Viehzuchtexpertin, die mich 1986 zu »Menschen für Menschen« führte.

Welche Zutaten für Ihre Karriere wurden Ihnen in die Wiege gelegt, welche mussten Sie sich hart erarbeiten?

Als Leiterin einer Hilfsorganisation, die permanent zwischen Europa und Äthiopien pendelt, bin ich fast rund um die Uhr im Einsatz. Dafür braucht man ne-

ben einer echten Begeisterung für die Sache in erster Linie Zuversicht sowie Ausdauer und Durchhaltevermögen. Eine positive und optimistische Lebenseinstellung liegt bei uns in der Familie und ist auch mir wohl definitiv schon in die Wiege gelegt beziehungsweise vorgelebt worden. Auch ständig beschäftigt zu sein, war für mich von klein auf ganz normal. Ich bin größtenteils bei meiner Großmutter aufgewachsen, und ich kann mich nicht erinnern, dass ich sie jemals ohne irgendeine Arbeit gesehen hätte. Außerdem werden Kinder in äthiopischen Großfamilien schon frühzeitig dazu erzogen, auch einen Beitrag zum reibungslosen Funktionieren des Haushalts zu leisten. Da unsere Familie durch politische Unruhen im Land auch schwierige Zeiten erlebt und überstanden hat, habe ich schon als junger Mensch gelernt, dass es sich lohnt, nicht zu verzweifeln, sondern auch nach Rückschlägen beharrlich seinen Weg zu gehen und seine Ziele zu verfolgen.

Nicht selbstverständlich hingegen war für mich das Leben in der Öffentlichkeit, das die Ehe mit Karlheinz Böhm und meine Rolle bei »Menschen für Menschen« zwangsläufig mit sich brachte. In dieser Hinsicht musste ich durchaus lernen, über meinen eigenen Schatten zu springen und mich daran zu gewöhnen, einerseits ständig im Mittelpunkt des Interesses zu stehen und andererseits auch ganz offen auf andere Menschen zuzugehen.

Die größte Unterstützung bei der Anpassung an ein öffentliches Leben habe ich zweifelsohne von meinem Mann erfahren. Als berühmter Schauspieler und populärer Gründer einer anerkannten Hilfsorganisation war er es ja gewohnt, im Rampenlicht zu stehen und ununterbrochen im Dialog mit anderen Menschen zu sein. Da ich ihn von Anfang an sowohl in Äthiopien als auch in Europa sehr oft zu seinen Terminen begleitet habe, habe ich nach und nach auch meine anfängliche Scheu überwunden. Außerdem hat mir mein Mann auch immer dadurch den Rücken gestärkt, dass er – manchmal mehr als ich selbst – an meine Fähigkeiten geglaubt hat und mich letztendlich den europäischen Vorständen und Stiftungsräten aus voller Überzeugung als seine Nachfolgerin vorgeschlagen hat. Dass mir diese dann im Jahr 2011 ihr uneingeschränktes Vertrauen ausgesprochen und

mich zum 30-jährigen Bestehen unserer Organisation zur neuen Vorsitzenden gewählt haben, hat mir zusätzliches Selbstvertrauen gegeben.

Tabak ohne Kaffee ist wie ein Fürst ohne Pelz. (aus Äthiopien)

Wie wurde daraus Ihr persönliches Erfolgsrezept?

Mit einem klaren Ziel vor Augen und konsequentem, diszipliniertem Einsatz kann man vieles im Leben erreichen. Glücklich wird man meiner Ansicht nach aber nur dann, wenn man bei allem, was man tut, nicht nur an den eigenen Vorteil denkt, sondern gleichzeitig auch das Wohlergehen anderer berücksichtigt und aktiv dazu beiträgt. Außerdem finde ich es extrem wichtig, dass man auch im anstrengenden Arbeitsalltag das Lachen und die Lebensfreude nicht vergisst! In Äthiopien wird sehr viel gelacht!

Nur beim Probieren schmeckt man das Schlechte im Essen. (Sprichwort der Kikuyu)

Welche Rückschläge gab es in Ihrem Leben und wie haben Sie diese gemeistert?

Im Krieg zwischen Äthiopien und Somalia haben meine Familie und ich alles verloren, waren aber unendlich froh, dass wir alle unser Leben retten konnten! Danach war auch meine erste Arbeitsstelle Anfang der 80er-Jahre ein herber Rückschlag. Ich kam gerade frisch vom Agricultural College im südäthiopischen Awassa, und wie im damals kommunistisch-zentralistisch regierten Äthiopien üblich, musste ich zunächst zwei Pflichtjahre beim Landwirtschaftsministerium ableisten. Per Losverfahren verschlug es mich in die mir bis dahin unbekannten Bale Mountains. Trotz der fremden Umgebung war ich mit meinem Diplom als Viehzuchtexpertin zunächst hoch motiviert, meine Kenntnisse dort so gut wie möglich einzusetzen. Dann aber musste ich feststellen, dass bei der täglichen Arbeit im Büro und im Feld weniger die fachliche Qualifikation gefragt war als vielmehr der Gehorsam gegenüber Vorgesetzen, die selbst oft keine Fachleute, dafür aber treue Parteimitglieder waren. Fragen oder gar kritische Anmerkungen waren nicht willkommen, und wer sich nicht fügte, dem wurden immer weniger Aufgaben übertragen. Als ich dann auch noch Probleme bekam, weil mich die Männer in meinem Umfeld als junge, alleinstehende Frau für Freiwild hielten, verließ ich meinen ersten Arbeitsplatz ohne Rücksicht auf die Konsequenzen. Damit hatte ich zwar die Chance auf ein weiterführendes Studium sowie auf jede andere staatliche Stelle verwirkt, aber ich war dennoch sehr erleichtert und auch stolz. Denn ich war mir selber treu geblieben und hatte mich nicht unterkriegen lassen. Diese Haltung hat sich auch in anderen Situationen immer wieder bewährt.

> Gast sein ist gut.
> Heimkommen ist besser. (aus Gabun)

Wie lautet Ihr Erfolgsrezept für eine glückliche Beziehung?

Mein Mann und ich haben großes Glück, weil wir uns – abgesehen von unseren Gefühlen füreinander und über die Kinder und gemeinsame Interessen hinaus – von Anfang an auch bei der Arbeit optimal ergänzt haben. Zwar waren und sind wir durch die vielen Reisen und Termine oft räumlich voneinander getrennt, aber wenn ich dienstlich unterwegs bin, so achte ich selbst in den entlegenen Gebieten von Äthiopien darauf, dass ich einmal täglich wenigstens kurz zu Hause anrufen kann. Ansonsten ist es aus unserer Sicht nicht entscheidend, wie viel Zeit man miteinander verbringt, sondern *wie* man sie verbringt. Wenn ich heute zum Beispiel von einer langen Dienstreise nach Hause komme, dann lege ich immer Wert darauf, dass in den ersten zwei Tagen nach meiner Rückkehr keine offiziellen Termine geplant werden, damit ich mich in erster Linie um die Familie kümmern kann.

Mein Mann und ich erledigen dann gemeinsam unsere privaten Angelegenheiten und bleiben ansonsten ganz bewusst zu Hause, um in aller Ruhe unsere Erlebnisse miteinander auszutauschen, sodass jeder am Leben des anderen teilhaben kann.

Das Huhn der Armen brütet wie das Huhn der Reichen. (aus Äthiopien)

Welche Werte leben und vermitteln Sie?

Äthiopier pflegen einen sehr starken Zusammenhalt in der Familie – und das nicht nur, weil sie – in einem Land, wo ein staatliches Sozialsystem erst in den Kinderschuhen steckt – materiell aufeinander angewiesen sind. Wir sind vielmehr zutiefst überzeugt davon, dass jeder Mensch nur in der Gemeinschaft wirklich gut und glücklich leben kann. Für uns geht der Familienbegriff deshalb auch weit über die engste Verwandtschaft hinaus; auch gute Freunde werden wie Geschwister betrachtet, und selbst Fremde werden immer herzlich aufgenommen. Deshalb überrascht es mich auch nicht, dass Spender und Journalisten nach dem Besuch der Projektgebiete von »Menschen für Menschen« stets von der enormen Gastfreundschaft überwältigt sind, die ihnen selbst von den ärmsten Bauern auf dem Land entgegengebracht wird. Egal wie wenig man hat – mit Gästen wird immer bereitwillig geteilt, denn was gibt es Schöneres, als für andere da zu sein und sich gemeinsam zu freuen! Diese Philosophie versuche ich auch zu transportieren, wenn ich Menschen in Europa zur Unterstützung für unsere Arbeit motivieren will.

Wenn mehrere Kinder zusammen essen,
wird das Essen nicht kalt. (aus dem Sudan)

Warum war in ihrem persönlichen Lebensrezept eine Karriere ohne Kinder nicht denkbar?

Auch wenn das Thema Familienplanung und Geburtenkontrolle seit vielen Jahren auch in meiner äthiopischen Heimat richtigerweise eine wichtige Rolle bei der Armutsbekämpfung spielt, so ist es doch in unserer Tradition nur sehr schwer vorstellbar, dass ein Ehepaar nicht wenigstens ein Kind großzieht. Als mein Mann und ich nach der Geburt unseres Sohnes Nicolas beschlossen, noch ein zweites Kind zu bekommen, war in erster Linie ausschlaggebend, dass mein Mann selbst als Einzelkind nicht sehr glücklich gewesen war und sich immer Geschwister gewünscht hatte.

> Ein Kind ist wie eine Ranke der Kalebasse.
> Wenn man die nicht von Zeit zu Zeit
> in die richtige Richtung leitet,
> wächst sie da, wo sie nicht soll.
>
> (Sprichwort der Wolof)

Wie lautet das Grundrezept für die Erziehung ihrer Kinder?

Als meine Kinder zur Welt kamen, hatte ich mir keinen Plan zurechtgelegt, wie ich sie erziehen wollte. Aber ich denke, dass ich mich bewusst oder unbewusst sehr am Vorbild meiner Großmutter orientiert habe, bei der ich selbst sehr glücklich aufgewachsen bin. Dementsprechend habe ich einfach versucht, so viel wie möglich für Nicolas und Aida da zu sein; zu hören, zu sehen und zu spüren, was sie bewegt, und sie unterstützend zu begleiten, indem ich ihnen ein gutes Vorbild bin und meine Erfahrungen weitergebe. Dabei war es mir immer wichtig, den beiden auch Raum für ihre eigene Entfaltung zu lassen. In diesem Zusammenhang haben mein Mann und ich stets darauf aufgepasst, dass die Kinder ungeachtet unserer eigenen Bekanntheit nicht zu sehr im Rampenlicht der Öffentlichkeit stan-

den. Jetzt, wo sie schon 19 und 21 Jahre alt sind, können sie selbst entscheiden, ob sie mit uns ein Interview geben oder bei einer Veranstaltung zugunsten von »Menschen für Menschen« vor Publikum und Kameras treten wollen. Wir als Eltern setzen sie dabei – ebenso wie bei der Wahl ihres späteren Berufes – in keiner Weise mit irgendwelchen Erwartungen unter Druck.

Ein gelassener Mensch kann sogar Steine weich kochen und den Sud genießen. (aus Afrika)

Leben Sie ein modernes Familienmanagement?

Meine Aufgabe als Leiterin einer Hilfsorganisation bringt es mit sich, dass ich oft und teilweise auch lange unterwegs bin. Unsere beiden Kinder sind aber sehr selbstständig und leben wegen ihrer Ausbildung nicht mehr permanent bei uns. Auch mein Mann hat sehr viel Verständnis für meine arbeitsbedingte Abwesenheit; wir haben ja sozusagen nur die Rollen getauscht: früher war er viel auf Reisen, heute ich. Trotzdem muss ich gut organisiert sein, damit Zuhause alles reibungslos läuft, wenn ich nicht da bin. Und wenn doch einmal ein unerwartetes Problem auftritt, dann weiß ich, dass ich auch auf die Unterstützung von Nachbarn und Freunden zählen kann. Dafür bin ich sehr dankbar!

Wer die Früchte vom Baum geschüttelt hat, soll sie auch aufsammeln. (aus Ovambo)

Geht das Rezept Karriere und Kinder aus Ihrer Sicht als Mutter in Deutschland auf oder fehlen wesentliche Zutaten, die Politik und Gesellschaft noch beisteuern müssten?

Ich bin Äthiopierin und wohne in Österreich. Deshalb möchte ich mir kein spezielles Urteil über die deutschen Verhältnisse erlauben. Aber ich bekomme natürlich mit, wie heftig zum Beispiel über die Frage von besseren Betreuungsmöglichkeiten für Kinder berufstätiger und alleinerziehender Mütter diskutiert wird. Ich bin allerdings grundsätzlich der Ansicht, dass man sich nicht alleine auf staatliche Regelungen verlassen darf, sondern dass sich die einzelnen Mitglieder einer Gesellschaft auch immer bewusst sein sollten, dass sie Teil einer Gemeinschaft sind. Als Einzelkämpfer kann man stark sein, aber gemeinsam mit anderen ist man stärker. In meiner äthiopischen Heimat ist es noch ganz selbstverständlich, dass man untereinander zusammenhält und sich im Alltag gegenseitig unterstützt.

Wo Gott dich hingesät hat, dort sollst du blühen. (aus Afrika)

Wie sieht Ihr Work-Life-Balance-Rezept aus?

Als mir vor einigen Jahren von einer west-äthiopischen Universität die Ehrenmitgliedschaft im Lehrkörper verliehen wurde, habe ich in meiner Dankesrede gesagt: »›Menschen für Menschen‹ ist für mich kein Job oder Arbeitsplatz, ›Menschen für Menschen‹ ist mein Leben.« Das habe ich tatsächlich so gemeint! Denn ich habe eine Aufgabe gefunden, mit der ich mich hundertprozentig identifizieren kann und die mich zutiefst erfüllt. Beruf und Leben sind für mich deshalb untrennbar miteinander verbunden, und ich stehe nicht vor der Herausforderung, nach einem Ausgleich zwischen beiden suchen zu müssen.

Wir brauchen Brot, um leben zu können.
Wir brauchen die Bibel, um leben zu wollen. (aus Afrika)

Was bedeutet Spiritualität für Sie und wie integrieren Sie Spiritualität oder Glauben in ihren Alltag?

Als christliche Äthiopierin gehöre ich der orthodoxen Glaubensgemeinschaft an. An hohen Feiertagen wie Weihnachten oder Ostern haben wir in den Kirchen

wunderschöne, farbenprächtige und sehr feierliche Zeremonien. Sie sind Teil meiner Kultur, und ich freue mich immer, wenn mein Terminplan es zulässt, dass ich bei solchen Anlässen dabei sein kann. Besonders auch deshalb, weil bei diesen Gelegenheiten dann auch immer alle Mitglieder unserer weitverzweigten Verwandtschaft zusammenkommen. Davon abgesehen spielt Religion oder Glaube aber in meinem Alltag keine große Rolle. Mir ist es wichtiger, ethisch-moralische Grundsätze und christliche Ideale ganz praktisch in die Tat umzusetzen.

Gutes Essen lässt Sorgen vergessen. (aus Österreich)

Welchen Stellenwert hat Kochen für Sie?

Ich beherrsche nicht nur das Zubereiten der äthiopischen Spezialitäten, sondern habe – nachdem ich mich mit meinem Mann in Österreich niedergelassen hatte – auch mit großer Begeisterung gelernt, im europäischen Stil zu kochen. Durch meine Arbeit komme ich leider nicht mehr sehr oft dazu, selbst am Herd zu stehen. Aber selbst heute lasse ich es mir nicht nehmen, alle Speisen persönlich vorzubereiten, wenn wir zuhause Gäste haben. Eine besondere Freude macht es mir auch, meinen Mann und die Kinder an Geburtstagen mit selbst gebackenen Kuchen zu verwöhnen.

Allein essen ist wie allein sterben. (Sprichwort der Mamprusi)

Gehört gemeinsame Esskultur in Ihren Alltag?

In Äthiopien sind die gemeinsamen Mahlzeiten heilig. Auch wenn die Bauern tagsüber natürlich viel Zeit auf dem Feld verbringen, die Kinder zur Schule gehen und die Frauen zum Wasser- und Holzholen unterwegs sind, so wird erst gegessen, wenn alle wieder zu Hause sind. Auch in der Stadt legen die Menschen großen Wert darauf, mittags und abends zu Hause mit der Familie am Tisch zu sitzen. Dabei werden die Speisen für mehrere Personen – egal ob daheim oder in den Restaurants – traditionell immer auf einer einzigen Platte serviert, von der alle miteinander essen. Diese Kultur hat natürlich auch meine Essgewohnheiten geprägt, und bis heute macht es mir keine Freude, alleine zu essen.

Mein Erfolgsrezept

Besonders gerne bereite ich Doro Wot zu. Das ist eine Art scharfes Hühnerragout und in Äthiopien so etwas wie ein Nationalgericht, dass auch an hohen Feiertagen nicht fehlen darf.

Doro Wot

Zutaten für ca. 4 Personen:

2 mittelgroße Zwiebeln

4 gekochte, geschälte Eier

2 EL scharfer Paprika (Pulver)

etwas Öl zum Anbraten

1 TL fein gehackter Knoblauch

und Ingwer

1 ganzes Huhn ohne Haut

3-4 mittelgroße, geschälte Tomaten

50 ml Butter (gewürzt z.B. mit

Knoblauch, Ingwer, Kreuzkümmel,

Oregano, Kardamom)

oder auch einfach etwas Öl

Salz und Pfeffer zum Abschmecken

Zubereitung:

Die fein gehackten Zwiebeln mit etwas Öl in einen Topf geben und kurz anbraten. Danach Tomaten, Paprika und etwas Wasser zugeben und weiterkochen. Anschließend Knoblauch und Ingwer zufügen und nochmals ca. 5 Minuten weiterkochen. Dann das Fleisch zusammen mit noch etwas Wasser hinzugeben und so lange kochen, bis alles gut weich ist und die Konsistenz von Gulasch hat. Abschließend die gewürzte Butter dazugeben, mit Salz und Pfeffer abschmecken, mit gekochten Eiern dekorieren und mit »Injera« servieren.

»Injera« – das Hauptgericht der äthiopischen Küche – ist ein ganz dünnes, weiches Fladenbrot aus Hirse, Mehl, Hefe und Wasser, das ohne Fett in der Pfanne gebacken wird. Man kann aber zum Doro Wot auch einfach Reis als Beilage servieren.

Barbara Lüthi

Geboren am: 7. August 1973 in Wädenswil, Schweiz

Lebt in: Hong Kong und Peking

Familienstand: verheiratet, 1 Tochter, zur Zeit des Interviews schwanger mit einem Sohn

Beruf: nach Gymnasium und Wirtefach- und Managementschule in Zürich ein Sprachstudium in Sydney; zunächst eigene Talkshow beim Privatsender Star TV; dann Wechsel als Videojournalistin zu TV3, Schweizer Privatfernsehsender; ab 2001 Redakteurin für das Polit- und Wirtschaftsmagazin »Rundschau« des Schweizer Fernsehens, SRF; seit 2006 China- und Ostasien-Korrespondentin für das Schweizer Fernsehen SRF

Mutter geworden mit: 35 Jahren, und ich werde jetzt nochmals Mutter mit 38 Jahren

Ihre Passion: Mutter und Journalistin zu sein

Auszeichnungen: CNN Journalist Award in der Kategorie Politik und Wirtschaft; Deutscher Medienpreis: Kinderrechte in der einen Welt, 2005; CNN Journalist Award in der Kategorie Politik und Wirtschaft; CNN Journalist Award: »Journalist of the year«; Schweizer Medienpreis: Journalistin des Jahres, 2008

Leitsatz: *Von nix kommt nix.*

Fotograf: Nick Otto

Was war als Kind Ihr Traumberuf?

Ich hatte keine klare Vorstellung, aber es muss schon früh Journalistin gewesen sein.

Schon als kleines Kind habe ich mich neben wildfremde Leute im Bus, im Zug oder im Restaurant gesetzt, um sie mit Fragen zu löchern. Wohin sie gehen, was sie machen und warum? Das Warum hat mich immer schon stark interessiert. Ich habe auch – zum Leidwesen meiner Eltern – ungefragt fremden Leuten sämtliche Details aus unserem Familienleben erzählt. Meiner Mutter ist vor allem eine Szene noch immer in traumatischer Erinnerung: Im Zug habe ich in voller Lautstärke berichtet, dass ich eine kleine Schwester will, meine Mami aber kein Baby mehr bekommt und wir darum alle zur Kur fahren. Die Leute im Zug hätten betreten zum Fenster hinausgeschaut, erinnert sich meine Mutter heute. Ich war damals vier Jahre alt und habe schon in diesem zarten Alter die eher diskreten Schweizer oft überfordert.

Welche Zutaten für Ihre Karriere wurden Ihnen in die Wiege gelegt, welche mussten Sie sich hart erarbeiten?

Kommunikationsfähigkeit, Durchsetzungs- und Durchhaltevermögen, Belastbarkeit und ein starker Wille wurden mir in die Wiege gelegt. Ein unerschütterliches Grundvertrauen ins Leben und den Glauben an mich selbst haben mir meine Eltern mit auf den Weg gegeben. In der Grundschule war ich die Beste, im Gymnasium hatte ich Probleme mit der Disziplin. Nach der Matura habe ich in Australien ein Sprachstudium begonnen. Aber das war mir zu langweilig. Ich reiste weiter, durch Südostasien und blieb in Hong Kong hängen. Hier fing mein Interesse für diese Region an zu wachsen. Nach drei Jahren Auslandaufenthalt kehrte ich in die Schweiz zurück. Auf dieser Reise habe ich mehr über Menschen und das Leben gelernt als in all den Jahren zuvor. In der Schweiz jobbte ich in einem Restaurant und wollte eigentlich in die Werbung einsteigen. Doch dann wurde ich für meine erste Talkshow sozusagen vom Tresen weg engagiert. Einem Fernsehproduzenten unter meinen Gästen gefiel meine direkte Art so sehr, dass er mir einen Job anbot. So begann ich als Redakteurin und bald darauf wurde ich Talkmasterin der Sendung »Taxi Talk« bei einem Schweizer Privatfernsehsender.

Fragen stellte ich schon immer gerne, denn schüchtern war ich nie, und so war die Sendung ein Erfolg. Bald darauf moderierte ich eine zweite Sendung. Ich arbeitete 7 Tage die Woche, 15 Stunden am Tag. So lernte ich das TV-Business.

Ich erkannte, dass das meine Chance war. Ich packte sie und gab alles, was ich zu geben hatte. Ich war damals 24 Jahre alt. Später wechselte ich in die News zu einem anderen TV-Sender, dann zum Nationalen Schweizer Fernsehen. Ich arbeitete als Redakteurin bei der »Rundschau«, einem renommierten Polit- und Wirtschaftsmagazin.

Ich war zur richtigen Zeit am richtigen Ort. Hart erarbeiten musste ich mir allerdings die Akzeptanz der Kollegen und der Vorgesetzen, denn ich war die Jüngste und musste mich behaupten. Erst nachdem mir einige schwierige Recherche-Geschichten gelungen waren, bekam ich einen festen Vertrag. Meine ersten drei Chefs bei drei verschiedenen TV-Stationen haben mir ebenso geholfen wie Vorgesetzte, die mein Talent erkannten und mir eine Chance gaben, obwohl ich eine Quereinsteigerin war und keine klassische Ausbildung vorzuweisen hatte. Ein weiterer großer Schritt kam von meinem Mann: Er kündigte seinen Job als CNN-Produzent in Berlin, um mit mir nach China zu ziehen, weil ich die Stelle als China-Korrespondentin bekommen hatte. Er arbeitet in China als Korrespondent für das tschechische Fernsehen und für CNN. Der Rest war knochenharte Arbeit, eine gute Nase für die richtigen Geschichten und ein eigener Zugang.

Es genügt nicht,
an den Fluss zu gehen mit dem Wunsch,
Fische zu fangen.
Man muss auch ein Netz mitbringen. (aus Korea)

Wie wurde daraus Ihr persönliches Erfolgsrezept?

Harte Arbeit, sein Ziel nicht aus den Augen verlieren, kompromissloser Einsatz, sich nicht mit dem Mittelmaß zufriedengeben.

Dazu kommen Überzeugungskraft, Ausstrahlung, Humor und fachliche Kompetenz. Und die wichtigste Zutat: Energie und Power für zwei. Wenn schon, dann richtig.

Eine Freundschaft ist wie eine Tasse Tee.
Sie muss klar und durchscheinend sein,
und man muss auf den Grund schauen können. (aus China)

Welche Rückschläge gab es in Ihrem Leben und wie haben Sie diese gemeistert?

Ein Rückschlag war der Moment, als mein Mann und ich über eine Trennung sprachen. Es war eine schmerzvolle Zeit. Doch wir haben uns zusammengerauft und gemeinsam einen Weg gefunden. Ich habe in dieser Zeit an das Gute gedacht und daran, was wir noch gemeinsam alles erleben können.

Ich habe noch nie schnell aufgegeben. Heute bin ich froh, dass wir es als Paar geschafft haben!

Wie lautet Ihr Erfolgsrezept für eine glückliche Beziehung?

Toleranz, Freundschaft, Respekt. Sich auf gleicher Augenhöhe begegnen. Man darf von seinem Partner nicht erwarten, dass er alles auffängt. Wichtig ist, dass man sich Oasen schafft, Momente außerhalb des Alltags, um Zeit zu haben, wirklich ein Paar zu sein. Das ist für mich und meinen Mann die größte Herausforderung: Wir arbeiten oft zusammen, wir reisen oft zusammen. Mit unserer Familienstruktur müssen wir aufpassen, nicht plötzlich zu Arbeitskollegen zu werden. Offene Kommunikation, Arbeit an der Beziehung, Kompromissbereitschaft und kleine Überraschungen im Alltag helfen. Wir arbeiten noch an unserem Erfolgsrezept, aber wir haben schon viele gute Zutaten.

Welche Werte leben und vermitteln Sie?

Auf eigenen Beinen stehen und keine Angst haben, seine Meinung zu vertreten. Loyalität, Gerechtigkeit, Toleranz. Respekt und Demut dem Leben gegenüber. Versuchen aus jedem Tag, aus jeder Situation das Beste zu machen. Offen sein für Neues. Das versuche ich meiner Tochter auf unseren Reisen mitzugeben.

Man lebt 75 Tage länger,
wenn man das Glück hat, etwas zu essen,
was man vorher noch nie gegessen hat. (aus China)

Warum war in ihrem persönlichen Lebensrezept eine Karriere ohne Kinder nicht denkbar?

Es war nie die Frage: Kinder oder Karriere. Ich wollte immer schon beides. Meine Tochter kam in Peking zur Welt, und mit der Karriere ging es weiter. Für meinen Job bin ich etwa fünf bis sechs Monate im Jahr »on the road«. Das heißt eine Woche pro Monat. In einem Riesenreich wie China muss man sich für jede Fernsehgeschichte ins Flugzeug setzen. Seit drei Jahren machen wir das auch als Familie. Mein Mann, auch Journalist, meine Tochter, unsere Nanny, unsere Assistentin, manchmal ein Kameramann. Zum Glück liebt unsere Tochter Flugzeuge und Veränderungen. Sie freut sich, wenn wir unterwegs sind. Auf dem Flughafen weiß sie, wo sie den Pass zeigen muss. Bei der Sicherheitskontrolle legt sie selbstständig ihr Täschchen aufs Fließband. Manchmal sind wir eine Woche oder sogar länger jede zweite Nacht in einem anderen Hotel. Das heißt auch Flugzeuge, Autos, Züge, eine logistische Meisterleitung mit Kind. Unser letzter Trip: Peking, Shanghai, Hangzhou, Hong Kong.

Lara ist dabei immer bester Laune, extrem neugierig und gerne unterwegs. Jetzt ist sie im Kindergarten, wir können noch reisen, doch mit dem Älterwerden wird das schwieriger werden. Sie braucht immer stärker ihr eigenes Umfeld. Und bald haben wir ja zwei Kinder. Dann muss die Nomadenfamilie wohl etwas sesshafter werden. In ruhigeren Zeiten kann ich mir meine Arbeitszeit selber einteilen und von zu Hause aus arbeiten. Das ist nötig, denn Reisen mit Kind und Kamera kann anstrengend sein.

Wie lautet das Grundrezept für die Erziehung ihrer Kinder?

Vertrauen, Liebe, Unterstützung und Ermutigung. Man darf aber auch die Auseinandersetzung nicht scheuen und nachgeben, nur weil es einfacher ist.

Leben Sie ein modernes Familienmanagement?

Bei meinem Job bin ich oft auf Abruf im Einsatz: Das Familienleben ist somit schwierig zu planen. Es kann von einer Stunde zur anderen heißen: Ins Flugzeug und ab nach … Es ist ein Vorteil, dass wir beide in diesem Job sind und die Unregelmäßigkeit kennen.

Mein Mann und ich teilen uns die Kindererziehung. Wenn wir arbeiten und Lara nicht im Kindergarten ist, kümmert sich Riza, unsere tolle Nanny, um unsere Tochter.

Ohne Riza könnten wir niemals beide Korrespondenten und Eltern sein.

Wir arbeiten für Fernsehstationen, die nicht in Konkurrenz stehen. Wir können uns unterstützen, müssen aber bei großen Geschichten in China und Asien beide vor Ort sein. Wenn wir für ein wichtiges Newsevent reisen, heißt das: den ganzen Tag filmen, ins Hotel zurückkommen, mit Lara Zeit verbringen, sie ins Bett bringen. Dann fange ich um 21 Uhr wieder an zu arbeiten: texten, schneiden, vertonen. Die Zeitverschiebung macht es möglich. Die News in der Schweiz sind in China um 2:30 Uhr in der Früh. Wenn ich eine Liveschaltung habe, komme ich um ca. 3:30 ins Hotel zurück. Lara wacht um 7 Uhr auf. Ich habe vor drei Jahren aufgehört zu schlafen. ☺

Heute reise ich oft alleine mit meinem Team, meine Tochter bleibt zu Hause mit meinem Mann oder umgekehrt. Wir wechseln uns meist ab, damit Lara zu Hause in den Kindergarten kann. Das ist richtig hart, ich vermisse meine Tochter. Wenn ich dann zu Hause bin, arbeite ich gerne in der Nacht, damit ich am Nachmittag wirklich Zeit für sie habe.

Am Baum der guten Vorsätze gibt es viele Blüten, aber wenig Früchte. (Konfuzius)

Geht das Rezept Karriere und Kinder aus Ihrer Sicht als Mutter in der Schweiz auf oder fehlen wesentliche Zutaten, die Politik und Gesellschaft noch beisteuern müssten?

Aus meiner Sicht fehlen sehr wichtige Zutaten. Immer wenn ich zurück in die Schweiz reise, wird mir bewusst, wie hart es für berufstätige Frauen mit Kindern ist, die keine Hilfe haben, wie ich in China. Riza managt unseren Haushalt. Ohne sie wäre das alles nicht möglich. Das ist ein echter Luxus. In der Schweiz sollte es mehr Tagesschulen geben, mehr Kinderkrippen, Jobsharing, Teilzeitstellen, das funktioniert noch alles nicht so, wie es sollte. Kinder und Karriere unter einen Hut zu bringen, ist in der Schweiz noch immer schwierig, finde ich. Schwieriger als in Asien.

Solange man trinken kann, lässt sich's noch glücklich sein.
(Johann Wolfgang von Goethe)

Wie sieht Ihr Work-Life-Balance-Rezept aus?

Das ist noch nicht ausgereift. Ich arbeite daran. Erholung ist für mich ein Tag mit meiner Familie. Wir gehen wandern, machen ein Picknick. Oder ein schönes

Abendessen mit Freunden. Manchmal nehme ich mir eine Stunde für mich und gehe zu einer chinesischen Fußmassage. Das ist wunderbar entspannend. Von Balance kann man aber noch nicht wirklich reden.

Das Wasser, das du nicht trinken kannst, lass fließen. (aus Mexiko)

Was bedeutet Spiritualität für Sie und wie integrieren Sie Spiritualität oder Glauben in ihren Alltag?

Ich bin Protestantin. Christliche Werte sind mir wichtig, auch wenn ich nicht in die Kirche gehe. Seit ich in China lebe, wurde mir bewusst, wie wichtig Spiritualität und Glaube sind. In China ist Religion staatlich kontrolliert. Die Wertevorstellungen sind dadurch andere. Ethische Grundwerte fehlen, wo Religion fehlt. Durch das viele Reisen werde ich mit verschieden Religionen konfrontiert. Was mich mehr beschäftigt im Moment ist der Buddhismus. Ich besuche Tempel und Klöster in Tibet, spreche mit Mönchen über Religion. In Bali, wo wir oft sind, besuchen wir religiöse Zeremonien; da erlebt man einen eigenen Hinduismus. Ob ich also in einem buddhistischen oder hinduistischen Tempel bete oder zu Hause im Bett: Ich glaube an eine höhere Kraft. Es geht mir nicht um eine Institution, es gibt ganz verschiedene Formen. Es ist wichtig, seine eigene Spiritualität im Laufe des Lebens zu finden. Auch meine Tochter erlebt diese verschiedenen Formen von Spiritualität. Das ist mir wichtig.

Gott gibt uns das Essen, der Teufel die Köche. (Wilhelm Busch)

Welchen Stellenwert hat Kochen für Sie?

Ich sage es ehrlich: Ich koche sehr selten. Unsere gute Haus-Fee Riza kocht meistens. Mit unserem Lebensstil wäre es anders nicht möglich. Nur so habe ich immer noch genug Zeit für meine kleine Tochter, nebst meinen 200 Prozent, die ich im Job gebe. Da ich auch alleine reise und dann nicht mit meiner Tochter sein kann, will ich zu Hause jede freie Minute mit ihr verbringen und nicht in der Küche. Doch ich gehe mit Lara sehr gerne auf die offenen Lebensmittelmärkte in unserem Wohnviertel einkaufen. Gemeinsam kochen, als Familie und für Freunde, macht Spaß. Irgendwann haben wir vielleicht mehr Zeit dazu.

Das Essen soll zuerst das Auge erfreuen und dann den Magen.
(Johann Wolfgang von Goethe)

Gehört gemeinsame Esskultur in Ihren Alltag?

Es ist mir extrem wichtig. Essen ist eine große Leidenschaft für mich. Es ist mir sehr wichtig, dass wir geregelte Familienmahlzeiten haben. Das gemeinsame Essen als Familie ist ein wichtiger Fixpunkt in unserem Leben. Wir setzen uns, wann immer möglich, zwei Mal am Tag gemeinsam an den Tisch. Wir müssen sehr viel in Restaurants essen, da wir als Familie oft unterwegs sind. Da bin ich durchaus sehr experimentierfreudig: Garküchen in China und Straßenküchen in Thailand. Wir versuchen gerne neue Gerichte in neuen Ländern. Zum Sonntagsbrunch gibt es bei uns auch Dim Sum und Nudelsuppe. Meine Tochter weiß, wie man in Seoul das koreanische Barbecue isst, welche Sauce zum indonesischen Saté passt, oder wie man die Crêpes, die mit der Peking Ente serviert werden, richtig füllt und rollt. In China ist das Essen omnipräsent und ein anderes Erlebnis. Es ist hier ganz normal, dass man sich den Fisch, den man bestellt, erst im Aquarium aussucht, dann erscheint er auf dem Teller. Auch auf den Märkten hier leben die Fische noch, das Geflügel hat noch Beine und Kopf, und Fleisch hängt in riesigen Stücken am Verkaufsstand. Das ist gewöhnungsbedürftig, aber ich finde, wer Fleisch oder Fisch isst, sollte das auch sehen können. Das hat nichts mit Respektlosigkeit zu tun, es ist die Realität, es ist hier Teil der Esskultur. Bei uns vergisst man gerne den Zusammenhang zwischen dem Stück Fleisch auf dem Teller und dem Tier, das man isst. In China wird man immer wieder daran erinnert.

Mein Erfolgsrezept

Grünes Poulet Thai Curry. Es schmeckt allen, es ist exotisch und macht Lust auf
Asienferien. Zudem ist es einfach zuzubereiten, es braucht dazu nur eine Pfanne
– den Wok. In kleinen und großen Mengen, scharf oder mild – alles ist möglich.

Fotograf: Nick Otto

Grünes Poulet

Thai Curry

Zutaten für 4 Personen:

800 g Hühnerbrust

8 kleine rote Chilischoten

6 Thai-Auberginen

6 Babymaiskolben

4 Zehen Knoblauch

3 Stangen Thaipfeffer

1,5 Bund Thaibasilikum

12 Blätter Kaffir-Limettenblätter

4–5 EL grüne Currypaste

(je mehr, desto schärfer wird's)

4 EL Fischsoße

1 Spritzer Limettensaft

2 EL Rohrzucker

4 EL Erdnussöl

1,5 Dosen Kokosmilch

250 ml Hühnerbouillon

Zubereitung:

Hühnerbrust in Streifen schneiden. Kaffir-Limettenblätter ganz lassen. Knoblauch hacken. Die Chilis in Ringe schneiden, die Kerne nicht entfernen, wenn man es gerne scharf mag. Maiskolben halbieren. Die Auberginen zur Seite legen.

Im Wok Erdnussöl erhitzen und mit Currypaste gut verrühren. Etwas von der Kokosmilch angießen, leicht köcheln lassen und dabei immer umrühren. Restliche Kokosmilch dazugeben, kurz aufkochen lassen. Jetzt die Hühnerbrühe sowie die Fischsoße, einen Spritzer Limettensaft und den Rohrzucker hinzufügen.

Limettenblätter, Knoblauch, Chilis und Thaipfeffer dazugeben und ca. 10 Minuten köcheln lassen, dann kommen die Maiskolben hinzu. In der Zwischenzeit die Thai-Auberginen waschen, in Stücke schneiden und mitgaren. Nach weiteren 10 Minuten die Hühnerbrust in den Wok geben, kurz köcheln und danach etwa 10 Minuten ziehen lassen. Ganz zum Schluss erst kommen die Thai-Basilikumblätter ins Curry. Eventuell mit Fischsoße (salzig) oder Limettensaft abschmecken.

Dazu schmeckt Jasmin- oder Basmati Reis.

Geboren am: 15. Juni 1969 im zentralanatolischen Dorf Akpinar Köyü. Mit 3 Jahren zog sie mit ihren Eltern ins Ruhrgebiet. Die Tochter von Analphabeten lernt mit Grimms Märchen und Büchern wie »Hanni und Nanni« Deutsch.

Lebt in: Berlin

Familienstand: ledig, 1 Tochter

Beruf: zunächst Ausbildung als Justizangestellte beim Amtsgericht; dann Au-pair-Mädchen in New York; Gerichtsreporterin, Abitur, Volontariat und Studium; nach Studium Society-Reporterin für das Lifestyle-Magazin »Max«; heute Schriftstellerin und Journalistin, u. a. mit einer wöchentlichen Kolumne im »Tagesspiegel«

Mutter geworden mit: 37 Jahren

Ihre Passion: Engagement für sozial benachteiligte Kinder

Berufliche Leidenschaft: Menschen kennenlernen, sich ihre Geschichten anhören, selbst etwas lernen und für andere so aufschreiben, dass sie berühren

Buchpublikationen: »Einmal Hans mit scharfer Soße«, 2005; »Ali zum Dessert«, 2008

Auszeichnungen: Preis für Toleranz und Zivilcourage der Stadt Duisburg, 2009; Nominierung »Grimme Online Award« für ihren Blog »Neulich in der Parallelwelt«, 2009; Berliner Integrationspreis für die Beiträge zur aktuellen Debatte um Einwanderung und Integration und ihr Engagement für ein demokratisches Miteinander, 2011

Leitsatz: Tas atana ekmek ver.

Wenn einer mit Steinen nach dir wirft, gib ihm Brot.

Hatice Akyün

Bağ babadan, zeytin dededen kalmalı.
Den Weinberg erbe man vom Vater, den Olivenhain vom Großvater.

Was war als Kind Ihr Traumberuf?

Zuerst wollte ich Schneiderin werden, um mir alle schönen Kleider selbst nähen zu können. Dann wollte ich Lehrerin werden, nachdem mir meine Lehrerin so sehr geholfen hatte, dass ich auf eine höhere Schule kam. Und dann wollte ich Pilotin werden, weil ich nicht wollte, dass mein Vater die weiten und anstrengenden Reisen in die Türkei mit dem Auto macht. Als Pilotin hätte ich ihn und meine Mutter immer in ihre Heimat fliegen können. Am Ende bin ich Journalistin geworden. Ich liebe die Sprache, ihr gehört meine Hingabe. Es ist faszinierend: Man geht irgendwohin, erfährt etwas, was man nicht weiß, und schreibt es dann für andere Leute auf.

Bakarsan bağ, bakmazsan dağ olur.
Bei sorgsamer Pflege wird's ein Weingarten, sonst ein Berg.

Welche Zutaten für Ihre Karriere wurden Ihnen in die Wiege gelegt, welche mussten Sie sich hart erarbeiten?

Der präzise Blick, Fantasie empfinden, Empathie fühlen sind sicherlich Eigenschaften, die mir in die Wiege gelegt wurden. Ebenso das Temperament, die Initiative zu ergreifen und der Ordnungssinn, Abläufe so zu regeln, dass alles auch so kommt, wie es kommen soll. Die Geduld zu warten, bis der richtige Moment da ist, das Durchhaltevermögen, an einer Sache beharrlich dranzubleiben, weil eben doch mehr geht, als man eingangs geglaubt hat. Das immer wieder erneut Von-vorne-Anfangen, ohne aufzustecken, musste ich mir allerdings hart als Eigenschaft erarbeiten.

Meine Familie hat mir sehr geholfen, aber oftmals auch der Zufall, der mich mit Menschen zusammenführte, die mir meinen Horizont weiteten.

Güler yüzlü sirke satıcısı, ekşi yüzlü bal satıcısından fazla kazanır.
Ein lachender Essigverkäufer macht bessere Geschäfte als ein
Honigverkäufer mit saurer Miene.

Wie wurde daraus Ihr persönliches Erfolgsrezept?

Meistens bedarf es nur einer guten Idee, einer festen Überzeugung und eines langen Atems, sein Ziel nicht zu verlieren, aber auch der Versuchung zu widerstehen, nicht allzu früh alle Karten auf den Tisch legen zu wollen und immer noch etwas in der Rückhand zu halten.

Sütten ağzı yanan yoğurdu üfleyerek yer.
Wer sich einmal mit heißer Milch den Mund verbrannt hat,
pustet sogar auf Joghurt.

Welche Rückschläge gab es in Ihrem Leben und wie haben Sie diese gemeistert?

Mehr als genug. Ich hatte immer gleich mit zwei Benachteiligungen zu kämpfen: Frau und Migrantin. Hatte ich mich als Frau bewährt, musste ich noch beweisen, dass ich auch als Migrantin gut genug war. Aber das hat mich stark gemacht, einmal mehr aufzustehen. Hinfallen habe ich mir erlaubt, liegen bleiben allerdings nicht.

Bal demekle ağiz tatlanmaz.
Davon, dass man Honig sagt, wird der Mund nicht süß.

Wie lautet Ihr Erfolgsrezept für eine glückliche Beziehung?

Beziehungen sind etwas Kostbares, und ich schütze sie in jeder Hinsicht. Das Wichtigste ist es, echt zu sein, sich selbst zu mögen, nicht alles so sehr auf die Goldwaage zu legen, aber vor allem Verstehen und Gefühle auch zu zeigen.

Arpa eken buğday biçmez.
Wer Gerste sät, kann nicht Weizen ernten.

Welche Werte leben und vermitteln Sie?

Meine gelebten Werte sind nicht umfangreich, aber dafür lebe ich sie in meinen menschlichen Beziehungen – privat und beruflich. Loyalität und Ehrlichkeit. Ansonsten halte ich es mit Papst Johannes dem XXIII: »Giovanni, nimm dich nicht so wichtig.«

İnsanın vatanı doğduğu yer değil, doyduğu yerdir.
Die Heimat ist nicht da, wo man geboren ist, sondern da, wo man satt wird.

Warum war in ihrem persönlichen Lebensrezept eine Karriere ohne Kinder nicht denkbar?

Die Frage war für mich nie ein Entweder-Oder, sondern ein Sowohl-als-Auch. Ich sehe mich als gebürtige Türkin auch als »Und-Identität«: Ich bin Deutsche und Türkin. Für Menschen, die nur eine Kultur in sich tragen, mag das unvorstellbar sein, aber ich kann versichern, dass es nicht nur geht, sondern auch wunderbar ist. Und was man ist, entscheidet man sowieso nicht allein. Ich bin in einer Großfamilie aufgewachsen, mit fünf Geschwistern, Omas und Opas, die alle unter einem Dach gelebt haben. Für mich passen Egoismus und Kinder nicht zusammen. Aber Karriere und Kinder bekommt man hin, wenn man es im Herzen möchte.

Bal tutan parmağini yalar.
Wer Honig in der Hand hält, schleckt sich die Finger ab.
Geduld ist bitter, ihre Früchte sind süß.

Wie lautet das Grundrezept für die Erziehung ihrer Kinder?

Liebe und Kinder sind Teil der Welt, aber nicht die Welt. Und die Umsetzung ergibt sich im Alltag. Beziehungen entscheiden sich für mich erst im Alltag, und Kinder sind der Versuch, der Zukunft etwas von uns mitzugeben. Das Wichtigste für mich ist, dass ich mein Kind als eigenständiges Wesen respektiere und es nicht bevormunde. So begegnen wir uns auf Augenhöhe, aber im Unterschied zu Erwachsenen eben auch so, dass ich das Sagen habe, auch wenn meine Tochter oft versucht, das zu übernehmen. Das respektiere ich, und ich sage ihr, dass ich das verstehen könne, dass ihr meine Entscheidung nicht passt, aber ich erkläre ihr, warum ich das in ihrem Sinne entschieden habe. In den allermeisten Fällen klappt das gut.

Misafir girmeyen eve melekler de girmez.
In das Haus, in das kein Gast tritt, tritt auch kein Engel.

Leben Sie ein modernes Familienmanagement?

Familie bedeutet für mich so viel Konformität wie nötig und so viel Unikat wie möglich. Ich möchte keine Musterfamilie für Dritte inszenieren. Familie ist sehr zeitaufwendig, sodass ich es lieber gleich richtig mache, anstatt in Etappen den Herausforderungen hinterherzulaufen. Abschalten ab und an ist sehr wichtig für mich.

Geht das Rezept Karriere und Kinder aus Ihrer Sicht als Mutter in Deutschland auf oder fehlen wesentliche Zutaten, die Politik und Gesellschaft noch beisteuern müssten?

Das Rezept muss zwangsweise aufgehen, zumindest für jene Frauen, die sich für Karriere und Kinder entschieden haben. Es wäre jedoch wesentlich einfacher, wenn die Gesellschaft es als Normalität ansehen würde, dass beides geht. Leider ist die Meinung in Deutschland noch sehr gespalten. Ich habe das Gefühl, dass sich Lager gebildet haben. Die einen kommen mit der Moralkeule und benutzen Wörter wie »Rabenmutter« und die anderen, die sich ausschließlich für die Karriere entschieden haben, respektieren jene Frauen nicht, die versuchen, beides zu koordinieren. Heimchen am Herd oder Halbzeitkraft sind nicht selten Spitzen, die man sich als Mutter und arbeitende Frau anhören muss. Im Türkischen sagt man übrigens, dass eine Frau alles haben kann: Kind und Karriere. Das eine sollte das andere nicht ausschließen.

Wie sieht Ihr Work-Life-Balance-Rezept aus?

Ich versuche, gewissen Mode- und Kunstbegriffen möglichst aus dem Weg zu gehen und jedem Teil meines Alltags die gleich hohe Aufmerksamkeit zu geben. Sobald ich das Berufliche oder das Private vernachlässige, führt es dazu, dass ich die klaren Linien aus den Augen verliere. Es gibt nichts Richtiges im Falschen. Ansonsten versuche ich, der Fremdbestimmung aus dem Weg zu gehen. Ich finde, dass das ehrlicher ist. Ja ist Ja und Nein ist Nein. So einfach ist das.

Was bedeutet Spiritualität für Sie und wie integrieren Sie Spiritualität oder Glauben in ihren Alltag?

Ich bin gläubig. Und mein Glaube ist etwas sehr Privates, das in meinem Herzen ist. Auch wenn ich es wollte, könnte ich es gar nicht beschreiben, weil mein Glaube ein Gefühl ist. Es gibt Dinge, die sind öffentlich, und andere sind privat. Und im Privaten gibt es auch noch einen Bereich des Intimen. Glauben heißt Hoffen und Zweifeln. An meinen Hoffnungen nehmen meine Freunde teil, an meinen Zweifeln meine engsten Vertrauten.

Welchen Stellenwert hat Kochen für Sie?

Gesunde Ernährung ist mir sehr wichtig. Da Essen allzu oft unter Zeitdruck geschieht, lege ich Wert darauf, so oft wie möglich sowohl dem Kochen als auch dem Essen den angemessenen Stellenwert zu geben. Gut kochen verlangt Muße beim Essen. Wenn das nicht möglich ist, tut es auch ein Döner. Aber Fertiggerichte kommen mir jedenfalls nicht auf den Tisch. Ich bin mit dem Kochen groß geworden. Meine Mutter hat uns Mädchen schon sehr früh die wichtigsten Gerichte gezeigt. Leider hat meine Kochleidenschaft im Laufe meines Karrierelebens sehr nachgelassen. Wenn ich Zeit habe, koche ich all die Gerichte aus meiner Kindheit. Aber ich muss auch zugeben, dass ich einen türkischen Mann mit meinen Kochkünsten nicht hinter dem Ofen hervorlocken kann. Aber einen deutschen Mann bekomme ich mit einer Essenseinladung zu einem türkischen Essen immer noch herum.

Akyün

Dost ile ye, iç, ama alışveriş etme.
Iß und trink mit einem Freund, mach aber mit ihm niemals Geschäfte.

Gehört gemeinsame Esskultur in Ihren Alltag?

Kultur gehört in meinen Alltag, und Essen ist Teil meiner Kultur. Gerüche, Geschmäcke, Gaumenfreuden. Keine Prasserei, aber Genuss mit und ohne Reue. So bin ich aufgewachsen. In der türkischen Kultur geht es beim Essen einzig und allein darum, mit der ganzen Familie zusammenzukommen. Die Küche war schon immer die Lebensader unseres Hauses und meine Mutter das Herz der Küche. Wenn sie morgens in die Küche kommt, setzt sie Teewasser auf und sagt: »Ach, was koch ich heute nur.« Wenn wir Besuch von Verwandten bekommen, ist unser Haus voll. Türken kommen nicht zu Besuch, sie belagern das ganze Haus. Was für Deutsche ein zeitlich perfekt durchgeplantes Menü für vier Personen ist, bedeutet für Türken, unangekündigt mit der ganzen Familie vor der Tür zu stehen. Aber leider kann ich diese Essorgien bei mir zu Hause nur an den Wochenenden feiern. Durch meinen Beruf bin ich tagsüber sehr eingespannt und muss – wahrscheinlich wie alle arbeitenden Mütter – das Essen gut planen. Die wichtigste Frage ist: »Bekomme ich das Essen um spätestens sieben Uhr auf den Tisch?« Falls das nicht klappt, wird eben schnell der Tisch beim Lieblingstürken bestellt. Auch türkische Frauen ändern ihre Traditionen nach und nach. Aber ich fühle mich immer noch wie ein kleines Mädchen, wenn ich im Haus meiner Mutter bin und die unterschiedlichsten Gerüche ihrer wunderbaren Gerichte durch das Haus ziehen.

Mein Erfolgsrezept

Manti sind mein Lieblingsgericht. Ihren Ursprung haben Manti in der türkischen Küche, wo sie eine besondere Spezialität der Provinz Kayseri sind. Es ist ein Nudelgericht. Man könnte, wenn man sich viele Feinde bei den Türken machen möchte, auch sagen, es sind Ravioli. Aber das sind sie natürlich nicht. Manti sind klitzekleine gefüllte Teigtäschchen. Die Verniedlichung am Ende bedeutet tatsächlich, dass sie unfassbar klein sind. Man braucht einen ganzen Tag, um sie vorzuberei-

140

ten, und es dauert keine 10 Minuten, bis sie aufgegessen sind. Im Türkischen sagt man, dass 40 Manti auf einen Löffel passen müssen, erst dann sind sie richtig. Eine unglaubliche Arbeit, die sich aber lohnt. Am Ende werden sie in Salzwasser kurz gekocht und mit einer Soße aus Butter, Knoblauch und Joghurt serviert. Ich koche es zwar nicht oft, dafür aber sehr gerne, weil Manti-Zubereitung für mich wie Meditation ist. Ich kann wunderbar bei der Zubereitung abschalten und über neue Geschichten für meine Bücher nachdenken. Viele meiner journalistischen Geschichten sind während der Zubereitung von Manti entstanden. Vielleicht sollte ich einen Manti-Kurs anbieten für all die gestressten Frauen, die sonst zum Yoga gehen.

Mantí

Für den Teig:
Das Mehl mit dem Ei und etwas Wasser mischen und zu einem festen Teig verarbeiten. Den Teig zugedeckt 30 Minuten ruhen lassen.

Für die Füllung:
Zwiebel reiben und mit dem Hackfleisch, Petersilie, Salz, Pfeffer und Pul Biber gut vermischen.

Rezept für 6-8 Personen:

Für den Teig:

375 g Mehl

1/2 TL Salz

1 Ei

Wasser

Für die Füllung:

1 Zwiebel

250 g Rinder- oder Lammhackfleisch

2 EL frisch gehackte Blattpetersilie

gehackte Pinienkerne

Salz

Pfeffer

2 TL Pul Biber (getrocknetes und zerstoßenes türkisches Chili-Gewürz)

Für die kalte Soße:

600 g Joghurt (süzme, 10 % Fettanteil)

4 Knoblauchzehen

frische Minze

Salz

Für die warme Soße:

3 EL Butter

1 EL Tomatenmark

1 TL Pul Biber

Den Teig dünn ausrollen und in kleine Quadrate von 3 cm Kantenlänge zerschneiden. In die Mitte etwas Füllung geben und die Teigränder von allen vier Seiten anheben und in der Mitte zusammendrücken. Anschließend die Teigtaschen in reichlich Salzwasser geben, bis sie oben schwimmen.

Die Manti werden zuerst mit der kalten Joghurtsoße bedeckt. Hierfür werden Knoblauch, Salz und Minze sehr fein geschnitten und mit dem Joghurt vermischt. Eine zweite warme Soße wird über den Joghurt gegeben. Dafür wird die Butter in einer Pfanne geschäumt und mit dem scharfen Chili-Gewürz abgeschmeckt.

Wenn es mal schnell gehen muss: Fertige Manti gibt es frisch in jedem türkischen Supermarkt. Afiyet olsun – Guten Appetit.

Geboren am: 16. Juli 1970 in Washington D.C., USA

Lebt in: München mit ihrer Tochter

Familienstand: seit 5 Jahren geschieden, in einer neuen Beziehung

Beruf: als »Notlösung« Ausbildung zur Visagistin (diesen Beruf hat sie nie ausge-übt), dann Eventmanagerin, jetzt Buchautorin und Unternehmerin

Mutter geworden mit: 29 Jahren

Ihre Passion: Das Backen. Sehr am Herzen liegen ihr die Schirmherrschaft der Ak-tion »Spitzenköche für Afrika« und das Kinderhospiz in Mitteldeutschland, dessen Botschafterin sie ist.

Gründung der Feinkostmarke »Véronique Witzigmann« Freude am Genuss, 2006

Berufliche Leidenschaft: die besten Marmeladen und Chutneys mit Qualität, Liebe und Sorgfalt herzustellen

Auszeichnung: Silbermedaille der Gastronomischen Akademie Deutschland, 2008

Buchpublikationen: u. a. »Meine Marmeladen, Chutneys & Co«, 2007; »Weihnach-ten, wie wir es lieben«, 2007; »Rettet die Tafelrunde«, »Mein Backbuch Lieblings-rezepte für Kuchen, Torten & Gebäck«, 2011

Leitsatz: Achte auf Deine Wünsche.
Sie könnten in Erfüllung gehen.

Véronique Witzigmann

Was war als Kind Ihr Traumberuf?

Meine Berufswünsche waren von klein auf stark vom Dienstleistungsgedanken geprägt. Im Kindergartenalter wollte ich Friseurin werden, etwas später Zahntechnikerin und im Teenageralter unbedingt Stewardess. Dann verfolgte ich den Gedanken, die Hotelfachschule zu besuchen. Meine Mutter war von dieser Idee nicht begeistert, denn mit einem Spitzenkoch als Mann an ihrer Seite wusste sie nur zu gut, was Dienstleistung bedeutet. Deshalb versuchte sie, mich in eine andere Richtung zu bringen. Sie wollte, dass ich einen Beruf erlerne, der nicht so wahnsinnig stressig und zeitintensiv ist. Ihr Wunsch wäre Grafikdesignerin gewesen, weil ich schon immer ganz gut zeichnen konnte. Das rief bei mir allerdings keine großen Emotionen hervor. Außerdem war es schon zu spät, denn ich war bereits mit dem Gastronomievirus infiziert. Dennoch habe ich meiner Mutter den Gefallen getan und zunächst eine Ausbildung zur Visagistin und Kosmetikerin gemacht. Nach dem Abschluss der Ausbildung ging ich trotzdem in das Restaurant meines Vaters. Ich war für die Gästebetreuung und PR zuständig. Rückblickend wäre es für meinen beruflichen Werdegang nützlicher gewesen, genau das zu tun, was ich ursprünglich wollte: einen Abschluss in der Hotelfachschule. Danach noch eine Ausbildung zur Köchin oder Konditorin.

... wer will guten Kuchen machen, der muss haben sieben Sachen.

(deutsches Kinderlied)

Welche Zutaten für Ihre Karriere wurden Ihnen in die Wiege gelegt, welche mussten Sie sich hart erarbeiten?

Mir wurde eine ganze Menge in die Wiege gelegt, beispielsweise die Fähigkeit, verschiedene Geschmackskomponenten im Kopf zu kombinieren, die Qualität eines Produktes zu schätzen und zu erkennen. Ich verfüge über eine nicht unwesentliche Ästhetik für die Präsentation von Gerichten, insbesondere von Süßspeisen. Ich habe die Gabe, auf Menschen zuzugehen und ihnen zu vermitteln, wie wertvoll sie sind. Das habe ich von meiner Mama mitbekommen. Alles, was mit Kalkulationen, Lebensmittelgesetzen und Vertriebswesen zu tun hat, musste ich mir hart erarbeiten, und ich arbeite immer noch daran. Mein erster Schritt in die Selbstständigkeit war ein Termin beim Amt, um mich über die nötigen Voraussetzungen einer Gewerbeanmeldung zu informieren. Der nette Herr erzählte mir sämtliche Auflagen, und zum Schluss legte er mir noch ein weiteres dickes Buch vor. Etwas mitleidig schaute er mich an und sagte: »Wenn ich Ihnen einen Rat geben darf, lassen Sie es!«

Ich habe einfach festgestellt, dass mir der kreative Teil sehr viel mehr liegt, jedoch nützt es nichts, vor den eher »trockenen« Dingen die Augen zu verschließen, wenn das Projekt erfolgreich sein soll. Als ich angefangen habe, diese Marmeladenidee ins Leben zu rufen, wollte ich nur eines: ein richtig gutes Produkt machen! Bis heute macht es mir unglaublich viel Freude, neue Sorten zu kochen oder neue Rezepte für ein Buchprojekt auszuprobieren. Es gibt in meinem Leben eine ganz wichtige Person, sie heißt Uschi und ist mein Buchhaltungsengel. Immer zwei Tage, bevor sie ins Haus kommt, werde ich schon ganz nervös, ob ich auch alles bereitgelegt habe, was sie braucht. Kommt sie dann, fühle ich mich gelegentlich wie ein Schulmädchen, das wieder einen wichtigen Zettel nicht richtig abgeheftet hat. Ich hoffe, ihre Geduld hält noch eine Weile.

Sehr unterstützt hat mich in den wirklich schweren Anfängen meine Mama. Sie sprang immer an der Stelle ein, wo sie gebraucht wurde. Egal, ob meine Tochter beaufsichtigt werden musste, die Marmeladengläser zu bekleben waren, Versandware zu verpacken war oder diverse Telefondienste anstanden. Dafür bin ich ihr wirklich bis heute sehr, sehr dankbar, denn ich weiß, es war nicht einfach für sie. Und ich danke meinem Bruder Max, der mir meine erste Homepage geschenkt hat!

Das Salz in der Suppe (Redensart)

Wie wurde daraus Ihr persönliches Erfolgsrezept?
Nennen Sie uns die Zutaten.

Die Freude, Liebe und Überzeugung machen aus dem, was und wie ich es mache, mein persönliches Erfolgsrezept. Ich habe das Glück, der Arbeit nachzugehen, die mich unendlich erfüllt. Ich denke, auch ein Esslöffel Sturheit und eine Gabel Perfektionismus sowie der Anspruch an mich selber, es wirklich gut zu machen, sind meine persönlichen Zutaten. Ein mir sehr verbundener Freund hat mir einen guten Satz mit auf den Weg gegeben: »Hinfallen ist nicht schlimm. Nur liegen bleiben darfst Du nicht. Steh wieder auf und mach weiter.« Weitere wichtige Zutaten sind natürlich die Menschen, mit denen ich zusammenarbeite und die mich täglich unterstützen. Es ist eine Sache, eine Idee zu haben. Um diese wirklich gut umzusetzen, bedarf es eines sehr guten Teams, das für die gleiche Sache brennt. Es macht mich sehr dankbar und glücklich, dass ich diese Menschen gefunden habe.

In die Suppe gespuckt (Redensart)

Welche Rückschläge gab es in Ihrem Leben und wie haben Sie
diese gemeistert?

Auf dem Weg, meine Marmeladenlinie zu etablieren, habe ich meine Lektion über Menschen gelernt, denen es nur um Profit ging. Ich muss mir in diesem Fall vorwerfen, mich komplett blauäugig in einen Zusammenschluss begeben zu haben, der letztlich nur dazu dienen sollte, auf meine Kosten Gewinn zu machen. Als ich das merkte, war es fast schon zu spät. Meine gesamte Existenz stand auf dem Spiel. Es gab jedoch eine Handvoll Menschen, die an mich geglaubt und mich in dieser Zeit sehr stark unterstützt haben. Das und auch der Glaube an meine Idee haben mir die Kraft gegeben, doch wieder aufzustehen und weiterzugehen.

Wie lautet Ihr Erfolgsrezept für eine glückliche Beziehung?

Ich habe nach meiner Scheidung eine sehr lange Zeit alleine verbracht. Es gab Phasen, in denen ich das sehr genossen habe und natürlich auch Zeiten, in denen es mich traurig stimmte. Heute weiß ich, es war eine wichtige Zeit, um zu erfahren, was mich erfüllt und glücklich macht. Einen Menschen an meiner Seite zu haben, der mich achtet und respektiert und den ich ebenso achte und respektiere. Mir ist es wichtig, dass wir uns auf Augenhöhe begegnen, geistig und auch im Alltag. Das ganz klassische Beziehungsmodell ist mir zu eng. Ich brauche einen gewissen Freiraum. Ich möchte meiner Arbeit nachgehen können, ohne mich immer an- und abmelden zu müssen. Dasselbe gilt natürlich auch für meinen Partner. Außerdem liebe ich es, gemeinsam lachen zu können und dass wir beide vom Herzen her in dieselbe Richtung sehen.

Sage mir, wie du isst, und ich sage dir, was du bist. (Jean Anthèlme Brillat-Savarin)

Welche Werte leben und vermitteln Sie?

Für mich ist Achtung einer der wichtigsten Werte. Ich achte jeden Menschen, mit dem ich in Kontakt bin. Ebenso achte ich beim Einkauf auf die Produkte, die ich besorge. Auch das ist Achtung für mich – in dem Fall den Lebensmitteln gegenüber. Mein oberstes Ziel ist es, meine Produkte so hochwertig wie möglich herzustellen. Es ist mir ein Anliegen, die Qualität, die ich für mich und meine Familie auswähle, auch weiterzugeben. In meinen Augen hat das auch etwas mit Verantwortungsbewusstsein zu tun. Eine große Bedeutung in meinem Leben haben aber auch Ehrlichkeit, Zuverlässigkeit und Aufmerksamkeit für die Menschen in meiner Umgebung. Da zu sein, wenn ich gebraucht werde. Ich engagiere mich für die Aktion »Spitzenköche in Afrika« und durfte vor Ort einige Projekte besuchen.

Seit der Reise erfüllt mich eine gewisse Demut. Dadurch wird mir immer wieder bewusst, wie sehr ich unser Deutschland schätze und die Art und Weise, wie wir leben dürfen. Aber auch hierzulande gibt es Menschen, denen es nicht so gut geht. Mich würde es sehr glücklich machen, auch andere animieren zu können, sich mehr einzusetzen und zu helfen. Ob man den Dackel der alten Nachbarin mal kurz Gassi führt, überflüssige Kleidung oder Spielzeug verschenkt, jeder kann einen Beitrag leisten!

C'est le jouir, non le posséder, qui nous rend heureux.
Der Genuss, nicht der Besitz macht uns glücklich.
(Michel Eyquem Seigneur de Montaigne)

Warum war in ihrem persönlichen Lebensrezept eine Karriere ohne Kinder nicht denkbar?

Meine Karriere hat erst nach der Geburt meiner Tochter begonnen. Solange ich denken kann, wollte ich gerne eine eigene Familie haben, und irgendwann wurde der Wunsch nach einem Kind für mich sehr groß. Wenn es damals meine Firma schon gegeben hätte, wären in mir keine Zweifel aufgekommen, Karriere und Kind unter einen Hut zu kriegen. Außerdem finde ich es ganz schön hart, sich überhaupt die Frage stellen zu müssen: Mache ich einen guten Job oder möchte ich »nur« ein Kind großziehen? Es ist wirklich nicht immer einfach, beidem gerecht zu werden. Meine Tochter Marietta bereichert mein Leben mit vielen schönen Dingen. Die Welt durch ihre Augen zu sehen, fordert und bereichert mich zugleich. Dafür bin ich ihr sehr dankbar.

Wie lautet das Grundrezept für die Erziehung ihrer Kinder?

Ich versuche, meiner Tochter die mir wichtigen Werte zu vermitteln. Karl Valentin hat, wie ich finde, ganz treffend gesagt: »Erziehung ist zwecklos, die Kinder machen ohnehin alles nach.« Und das stimmt. Wenn ich heute die mir wichtigen Werte nicht vorlebe, wird meine Tochter sie durch Anweisungen auch nicht verstehen und umsetzen. Beispielsweise habe ich mich eine Zeit sehr einseitig ernährt und mich gewundert, warum es bei jeder Mahlzeit Theater gab. Erst als ich das erkannte und meine Einstellung zu diesem Thema änderte, hatten wir wieder gemeinsam Spaß beim Essen. Zum Grundrezept meiner Erziehung zählen noch zwei weitere Zutaten, nämlich das Vertrauen und die Liebe. Ich glaube, es ist mir gelungen, meiner Tochter das Gefühl zu geben, dass sie auf ihr Zuhause immer vertrauen kann und geliebt wird, egal, was passiert.

Leben Sie ein modernes Familienmanagement?

Unser Familienmodell ist zügig erklärt. Als alleinerziehende Mama bin ich für alles zuständig: Kochen, Einkaufen, Chauffeurdienste und alles, was noch so ansteht. Mittlerweile bin ich der Meinung, dass es für meine Tochter eine wichtige (Weiter-)Entwicklung bedeutet, für gewisse Dinge Eigenverantwortung zu übernehmen. Wenn bei ihr der Wunsch aufkommt, selber zu kochen, dann lasse ich sie das auch tun. Grundsätzlich nehme ich ihr immer noch viel zu viel ab. Das hängt mit den Gewissensbissen zusammen und möglicherweise meinem eigenen Anspruch. Ich will die beste Mutter sein, und das ist durch den Job nicht immer möglich.

Ich lebe von einer guten Suppe, nicht von einer schönen Rede.

(Jean-Baptiste Poquelin Molière)

Geht das Rezept Karriere und Kinder aus Ihrer Sicht als Mutter in Deutschland auf oder fehlen wesentliche Zutaten, die Politik und Gesellschaft noch beisteuern müssten?

Ich finde es ehrlich gesagt recht schwierig, das Muttersein und den Beruf, den man mit Herzblut ausfüllen möchte, unter einen Hut zu bringen. Ich habe meine Erfahrung als alleinerziehende Mutter gemacht und auch einige Beispiele im Freundeskreis. Das funktioniert mit einem Beruf, der keine festen Arbeitszeiten hat, heute nur dann reibungslos, wenn ein wirklich gutes Netzwerk zur Verfügung steht. Als meine Tochter noch in den Kindergarten ging, habe ich kurzzeitig mit dem Gedanken gespielt, eine Betreuungsstätte für Kinder aufzubauen, die rund um die Uhr geöffnet hat. Die Betreuungszeiten von 8 Uhr bis 16 Uhr sind für Frauen, die beispielsweise im Krankenhaus oder am Flughafen arbeiten, nicht flexibel genug. Nachdem das Modell Großfamilie bei uns so gut wie nicht mehr gelebt wird, müsste man vielleicht mehr in solche Richtungen denken. Es darf allerdings keine »Aufbewahrungsstation« für Kinder sein, sie müssen durch engagiertes Personal betreut werden. Auch in Firmen und Betrieben muss ein Umdenken stattfinden. Die Einstellungskriterien sollten frauenfreundlicher werden. Ich denke da beispielsweise an das Unternehmen Hipp, das diese Familienfreundlichkeit schon seit Jahren erfolgreich für ihre Mitarbeiter umsetzt.

Salz und Brot macht Wangen rot. (Redensart)

Wie sieht Ihr Work-Life-Balance-Rezept aus?

Leider kommt der sportliche Aspekt in meinem Leben momentan viel zu kurz. Zu jeder Jahreszeit liebe ich Auszeiten in der Natur.

Ich habe für mich entdeckt, dass ich mit wesentlich mehr Kraft und einem er-

weiterten Blickwinkel zurück an die Arbeit gehe, wenn ich zwischendurch auch Dinge tue, die mit meiner Arbeit nicht in direkter Verbindung stehen. Ich habe wieder angefangen zu malen. Das macht mir sehr viel Freude und fördert meine Kreativität auf einer anderen Ebene. Es ist schön, dass ich diese Leidenschaft mit meiner Tochter teile und wir gelegentlich zusammen malen können. Ich lese sehr gerne, treffe Freunde und besuche gerne Ausstellungen.

Komm Herr Jesu, sei unser Gast und segne, was Du uns bescheret hast. (Tischgebet)

Was bedeutet Spiritualität für Sie und wie integrieren Sie Spiritualität oder Glauben in ihren Alltag?

Für mich ist der Glaube an Gott sehr wichtig. In den letzten Jahren ist das Bewusstsein durch Situationen, in denen der Glaube mein Halt war, gewachsen. Ich glaube an Gott, allerdings auf meine Art, und nicht so, wie es für eine getaufte Katholikin vorgesehen wäre. Ich gehe aber gerne in die Kirche und bitte dort für Menschen, die mir am Herzen liegen oder für eine Situation, die mich belastet. Zudem habe ich festgestellt, dass es viele Möglichkeiten und Orte gibt, das Göttliche zu spüren. Würde ich heute nicht glauben, könnte ich auch die Werte nicht leben, die mir wichtig sind.

Ein gutes Mahl lohnt Müh und Qual. (Redensart)

Welchen Stellenwert hat Kochen für Sie?

Kochen ist für mich etwas Wunderbares, das mich durch meinen familiären Hintergrund von klein auf immer schon begleitet hat und eine wichtige Rolle spielt. Der Stellenwert ist heute für mich aber ein anderer. Ich koche gern für Freunde, wenn es meine Zeit zulässt. Dabei ist es nicht wichtig, etwas ganz Ausgefallenes

zu kreieren, sondern es zählt eher der Gedanke, gemeinsam am Tisch zu sitzen und einen fröhlichen Abend zu verbringen. Dazu kann auch einfach ein Topf Nudeln mit zwei Schüsseln Soße oder ein Ragout auf dem Tisch stehen und jeder bedient sich nach Herzenslaune. Was ich aber auch sehr liebe, ist mit meinem Freund zusammen zu kochen. Dies ist etwas, was ich mir oft gewünscht habe, und wir ergänzen uns hier ohne Absprache sehr gut.

Essen und Trinken hält Leib und Seele zusammen. (Sprichwort)

Gehört gemeinsame Esskultur in Ihren Alltag?

Unbedingt gehört eine gemeinsame Esskultur in unseren Alltag. Aufgrund meines Berufes ist es immer etwas schwierig, mehrere gemeinsame Essen täglich unterzubringen. Meine Tochter und ich frühstücken jeden Morgen zusammen. Das ist mir wichtig für einen guten Start in den Tag. Wenn ich zu Hause bin, essen wir auch abends zusammen. Es zählt hier für mich jedoch nicht die Quantität, sondern die Qualität des gemeinsamen Erlebens. Die Zeit, die wir miteinander haben, ist wertvoll und gibt uns einen Zusammenhalt. Erwiesenermaßen fördert der Familientisch – und sei er auch noch so klein – die Sprachentwicklung und soziale Kompetenz von Kindern. Außerdem entstehen so auch Rituale, die wichtig sind. Wenn wir unseren Kindern heute nicht mehr zeigen, was eine gelebte Tischkultur ist, verlieren wir ein großes Stück Esskultur. Wenn man darüber nachdenkt, fällt es doch auf, alle wichtigen Ereignisse vom Kindergeburtstag bis zum Weltwirtschaftsgipfel sind mit einem Essen verbunden. Esskultur ist eben auch Kommunikationskultur. Deshalb ist es mir auch so wichtig, meinen Teil hier beizutragen, denn was im kleinsten Teil der Zelle nicht funktioniert, kann auch in großen gesellschaftlichen Zusammenhängen nicht klappen.

Mein Erfolgsrezept

Lange habe ich überlegt, welches Rezept ich in das Buch geben soll, und habe mich für Suppe entschieden. Ich mag Suppen sehr gerne, damit verbinde ich Erinnerungen an meine Großmutter, die mit selbst gemachter Hühnersuppe unsere Lebensgeister wieder wachrief, etwa nach einer langen Autofahrt. Als Kinder haben wir sie auf der Skihütte zur Stärkung gelöffelt. Sie ist es auch, die einen nach einer Erkältung wieder auf die Beine bringt.

Suppen wärmen die Seele, ähnlich wie Schokolade.

Das Rezept für meine Curry-Suppe geht schnell, lässt sich gut vorbereiten, und mit etwas warmem Baguette ist das ein feines Essen für vier Personen.

Curry-Suppe

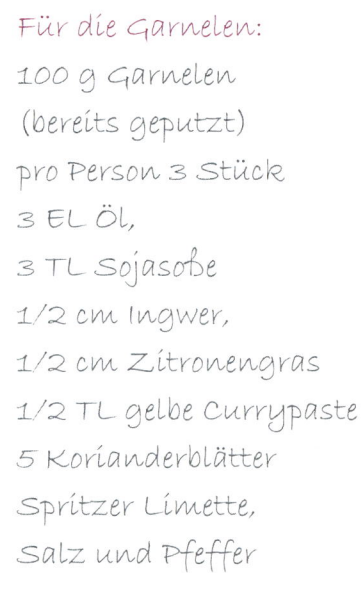

Zutaten für 4 Personen:

Für die Suppe:
3 EL Pflanzenöl
1,5 kg Hokkaido-Kürbis
100 g Paprika (rot)
100 g weiße Zwiebeln
2 Kaffirlimettenblätter
1 EL mildes Currypulver
1 Stk. Zitronengras
1 Stk. Ingwer
600–800 ml Geflügelbrühe
50 ml Kokosmilch
60 ml Sahne
Salz, Pfeffer,
gelbe Currypaste

Für die Garnelen:
100 g Garnelen
(bereits geputzt)
pro Person 3 Stück
3 EL Öl,
3 TL Sojasoße
1/2 cm Ingwer,
1/2 cm Zitronengras
1/2 TL gelbe Currypaste
5 Korianderblätter
Spritzer Limette,
Salz und Pfeffer

Zubereitung:

Garnelen am Rücken entlang einschneiden und Darm entfernen. Danach die Garnelen kurz abbrausen und mit einer Küchenrolle trocken tupfen. In einer kleinen Schale Öl mit Sojasauce und Currypaste gut verrühren. Vom Zitronengras und der Ingwerknolle jeweils ein 1/2 cm großes Stück in kleine Stücke schneiden und in die Marinade rühren. 5 Korianderblätter hinzufügen und mit Salz, Pfeffer und einem Spritzer Limettensaft abschmecken. Die Garnelen einlegen und abgedeckt mit Klarsichtfolie im Kühlschrank (für mindestens 2 Stunden) marinieren.

Kürbis halbieren, schälen und die Kerne entfernen. 800 g Fruchtfleisch abwiegen und in Stücke schneiden. Die Paprika ebenfalls halbieren, Strunk und Kerne entfernen und würfeln. Beide Zutaten in einer Schüssel beiseitestellen. Zwiebeln schälen und ebenfalls würfeln.

Öl im größeren Topf erhitzen. Die Zwiebelwürfel darin glasig anbraten, nun die Kürbis- und Paprikawürfel hinzufügen und bei mittlerer Hitze für ca. 3–4 Minuten mit dünsten. Das Zitronengras waschen und von der unteren Seite ca. 1/2 cm in feine Ringe schneiden. Vom Ingwer etwa 1/2 cm schälen und klein schneiden. Das Gemüse mit dem Currypulver bestreuen sowie die Kaffirlimettenblätter, das Zitronengras und den Ingwer unterrühren.

Mit der Brühe ablöschen und für ca. 15–20 Minuten kochen (das Gemüse sollte weich sein). Etwas Öl in einer beschichteten Pfanne erhitzen, die Garnelen hinzufügen und von beiden Seiten ca. 3 Minuten anbraten. Die Kaffirlimettenblätter aus der Suppe entfernen. Die Suppe mit dem Stabmixer fein pürieren und vom Herd nehmen. In die Suppe nun die Kokosmilch und die Sahne einrühren. Die Suppe mit etwas gelber Currypaste, Sojasauce, Salz und Pfeffer abschmecken.

Die Suppe in Tassen oder Schalen verteilen, in die Mitte die Garnelen legen und mit einem Korianderblatt garnieren.

Heike Maurer

Geboren in: Castrop-Rauxel

Lebt in: Frankfurt am Main

Familienstand: 3-mal glücklich geschieden, 1-mal glücklich verheiratet, 1 Tochter

Beruf: zunächst staatlich geprüfte Gymnastiklehrerin; Ausbildung zur Sprecherin; Lehrerin an einer Sonderschule für Lernbehinderte; Model; seit 1985 Moderationen bei ARD, HR, bei SAT 1 und danach im ZDF

Mutter geworden mit: 28 Jahren

Ihre Passion: Fitness, Joggen: »Ich turne bis zur Urne und gegen den Verfall der Oberarme«, Psychologie, Medizin (wäre auch gerne Ärztin geworden oder zumindest Profilerin), Feste feiern und Kochen

Berufliche Leidenschaft: Perfektion

Buchpublikation: »Wenn Männer lügen«, 1999; danach große Schreibblockade, wahrscheinlich zu glücklich zum Schreiben gewesen!

Auszeichnung: Nur eine Auszeichnung für gutes Aussehen: »1993 Stern der Schönheit von Intercoiffure«. Das kann für eine Blondine auch belastend sein!

Jetzt mal ehrlich: Warum sind bis jetzt meine brillanten Texte, mein Mutterwitz und mein geistreicher Charme unbeachtet geblieben?

Leitsatz: Der Kopf ist rund, damit das Denken
die Richtung wechseln kann.

Was war als Kind Ihr Traumberuf?

Mein Traumberuf war Tänzerin oder Schauspielerin. Für ein Arbeiterkind aus Castrop Rauxel ein ehrgeiziger Plan. Deshalb habe ich ihn auch vorsichtshalber für mich behalten. Später konnte ich zumindest meinem Bewegungsdrang nachgehen, mit der Ausbildung zur staatlich geprüften Gymnastiklehrerin. Allerdings wurde mir nach einem Berufsjahr als Sportlehrerin an einer Sonderschule klar, dass meine Leidenschaft doch eher der darstellenden als der »lehrenden« Kunst gilt. Dann kam eine Zeit als Fotomodell. Erst nachdem meine Tochter aus dem Gröbsten raus war und in den Kindergarten ging, wurde ich Fernsehmoderatorin.

Welche Zutaten für Ihre Karriere wurden Ihnen in die Wiege gelegt, welche mussten Sie sich hart erarbeiten?

Charme, Humor, Mut und Perfektionismus waren sicher immer schon da. Und bestimmt auch der Wunsch zu gefallen und Menschen zu unterhalten. Schwierig war und ist es für mich, gegen Widerstände anzukämpfen, einen langen Atem zu haben, Ablehnung nicht persönlich zu nehmen und Aufmerksamkeit einzufordern. Zum Glück wusste ich nicht, wie schwierig es ist, in den Medien Karriere zu machen, sonst hätte ich mich womöglich nicht getraut.

Ich habe mich oft gewundert, wie vergleichsweise weniger talentierte Menschen Erfolge feiern. Vielleicht weil sie sich einfach für Gottes Geschenk an die Menschheit halten und ein tiefes Selbstvertrauen ausstrahlen. Nun ist es natürlich für einen latenten Perfektionisten schwierig, Präsenz und absolute Zufriedenheit mit sich und seiner Arbeit zu spiegeln. Wir wissen ja, dass es immer noch etwas zu verbessern gibt. Aber damit sollte man sein Publikum nicht verunsichern.

> *Allezeit nur Wein oder Wasser trinken ist nicht lustig; sondern zuweilen Wein, zuweilen Wasser trinken, das ist lustig.* (Bibel)

Wie wurde daraus Ihr persönliches Erfolgsrezept?

Sich einfach nicht zu ernst nehmen. Wenn deine Messlatte bei 100 Prozent hängt, gibt es trotzdem ab 80 Prozent Fleißkärtchen für dich und auch deine Mitarbeiter. Man sollte die 100 nicht aus den Augen verlieren, aber gefeiert wird ab 80 Prozent.

> *Ein Tropfen Güte ist mehr als ein Fass Wissen.* (Friedrich Georg Jünger)

Welche Rückschläge gab es in Ihrem Leben und wie haben Sie diese gemeistert?

Ich würde sie nicht als Rückschläge bezeichnen, aber sicher gab es Enttäuschungen. Träume werden nicht immer wahr. So bin ich keine Tänzerin oder Schauspielerin geworden, aber irgendwie habe ich doch meine Bühne gefunden.

Das Leben, die Liebe, persönliches und berufliches Glück sind ja nach dem Wellenprinzip angeordnet. Mal ist man oben auf dem Wellenkamm und mal unten. Das muss einem klar sein, egal wo man sich gerade befindet. Und wenn man gerade in der Talsohle ist, hilft ja auch immer die Operettenweisheit: »Wenn man nicht das bekommt, was man liebt, liebt man besser das, was man bekommt.«

Die Natur führt uns, in der Küche und in der Liebe,
selten auf jenen Geschmack, der uns nicht bekommt. (Charles Baudelaire)

Wie lautet Ihr Erfolgsrezept für eine glückliche Beziehung?

Zum Erfolgsrezept gehören Respekt und Empathie und Andersartigkeit zu erkennen und zu bewundern. Und wenn man sie nicht bewundern kann, dann kann man sie doch zumindest mit Humor nehmen.

Es blüht die Wurst nur kurze Zeit,
die Freundschaft blüht in Ewigkeit.

(Wilhelm Busch)

Welche Werte leben und vermitteln Sie?

Wahrhaftigkeit, Freundschaft und Loyalität. Klingt vielleicht ein bisschen nach Musketier-Romantik: »Einer für alle, alle für einen«, aber in unserer schnelllebigen und oberflächlichen Zeit möchte ich zumindest in meinem Privatleben diese Insel ansteuern können. Das Berufsleben ist ja oft genug ein Haifischbecken, man muss auf der Hut sein und um die Ecke denken. Aber für meine Familie und meine Freunde gebe ich ohne nachzudenken das berühmte letzte Hemd.

Ein Leben ohne Feste ist ein weiter Weg ohne Wirtshäuser.

(Demokrit)

Warum war in ihrem persönlichen Lebensrezept eine Karriere ohne Kinder nicht denkbar?

Weil ich Karriere nicht losgelöst von mir als Mensch und Frau betrachte. Ich bin die Summe meiner Erfahrungen, und die Erfahrung als Mutter ist für mich eine so einzigartige, dass sie mich vielleicht erst zu dem gemacht hat, was mich auszeichnet. Sich zurücknehmen, Verantwortung tragen, über die Erschöpfungsgrenze hinaus zu arbeiten und über die Frustrationsgrenze hinaus zu lieben. Klingt vielleicht pathetischer, als es gemeint ist. Ich glaube, dass wir Menschen für die Gemeinschaft gemacht sind, dass wir uns glücklicher fühlen, wenn wir zu jemandem, zu einer Gruppe gehören und etwas zu geben haben.

Als meine Freundin nach der Geburt meiner Tochter ins Krankenhaus kam, sagte sie ganz lässig: »So, Heike und von nun an bist du nie wieder allein, noch nicht einmal in deinen Gedanken.« Sie hatte recht, und ich bin darüber sehr glücklich.

Du beurre! Donnez-moi du beurre! Toujours du beurre! (Fernand Point)

Wie lautet das Grundrezept für die Erziehung ihrer Kinder?

Ehrlichkeit und Verlässlichkeit sind auch hier die wichtigsten Punkte. Ich glaube, man muss seine Kinder liebevoll, aber konsequent erziehen. Das ist nicht der leichteste Weg, aber Kinder brauchen, mehr noch als Erwachsene, Berechenbarkeit.

Mit Vegetariern muss man diskutieren, sobald sie eine Wurstfabrik geerbt haben. (Danny Kaye)

Leben Sie ein modernes Familienmanagement?

Jeder macht, was er am besten kann. Ich koche, mein Mann räumt meistens nachher auf. Ich plane und kaufe ein, er macht die Steuern. Ich organisiere die Wäsche und er betreut unseren Fuhrpark (zwei Autos und zwei Fahrräder). Da meine Tochter bereits erwachsen ist und im Ausland lebt, sind ihre Besuche jetzt eher ein Fest. Wie sagte sie neulich: »Ach es ist herrlich, sich zu Hause zu fühlen und keine

Verantwortung zu haben.« Das war früher natürlich anders. Als sie vier Jahre alt war, trennten sich ihr Vater und ich. Lange Arbeitszeiten bis in die Nacht hinein, wie beim Fernsehen üblich, das war als alleinerziehende Mutter nicht einfach. Ich habe mir mit Au-pair-Mädchen über die Runden geholfen. Mit Tagesmüttern und Babysittern wäre das finanziell und auch zeitlich gar nicht darstellbar gewesen. Aber trotz auf die Minute durchgeplantem Familienmanagement gab es damals auch manchmal das blanke Chaos. Erklär mal deiner fünfjährigen Tochter, die um 23 Uhr am Telefon heult und vom Au-pair nicht zu beruhigen ist, dass du erst noch kurz die Sendung moderieren musst und dann nach Hause kommst. In diesem Zusammenhang fiel auch der Satz, dass sie es lieber hätte, wenn ich an der Kasse im Supermarkt arbeiten würde. Also ganz ohne schlechtes Gewissen geht es natürlich nie. Aber inzwischen hat mir meine Tochter wohl verziehen, so gern, wie sie nach Hause kommt.

Das mit der Faust auf den Tisch schlagen nimmt ab, wenn er gedeckt ist. (Peter Maiwald)

Geht das Rezept Karriere und Kinder aus Ihrer Sicht als Mutter in Deutschland auf oder fehlen wesentliche Zutaten, die Politik und Gesellschaft noch beisteuern müssten?

Als berufstätige Mutter kommt man ja immer an die Grenzen der Leistungsfähigkeit.

Ich habe mich schnell in der Kunst des »vorgetäuschten Multitaskings« geübt, zum Beispiel: meinem Kind das Gefühl zu geben zuzuhören, dabei aber unauffällig den Moderationstext für die Sendung zu schreiben; zwischendurch dem Au-pair-Mädchen die Einkaufliste zuzurufen und dass natürlich mit topgepflegten Fingernägeln und in stylischen Klamotten, fertig für die nächste Sendung.

Daran wird die Politik oder die Gesellschaft auch in Zukunft nicht viel ändern können. Aber die Betreuungszeiten in den Kindergärten, Kitas oder Schulen beweglix cher zu gestalten, dort ein gesundes Mittagessen anzubieten und meine Lieblings-vision: ein Netz von »Omis on demand« einzurichten, all das würde viel helfen. Mit Spannung habe ich von den sogenannten Au-pair-Großmüttern gelesen, die ihrer Reiselust frönen und im Ausland der Au-pair-Familie ihre Erfahrung und Hilfe für ein überschaubares Entgelt anbieten. Im eigenen Land zu arbeiten ist ein vergleichbar kleineres Abenteuer, aber soziale Kontakte zu pflegen und eine wich-tige verantwortungsvolle Aufgabe zu erfüllen, ist doch vielleicht auch ein Anreiz.

Die besten Vergrößerungsgläser
für die Freuden dieser Welt sind jene,
aus denen man trinkt. (Joachim Ringelnatz)

Wie sieht Ihr Work-Life-Balance-Rezept aus?

Ich liebe gutes Essen und guten Wein, am besten zusammen mit Freunden; ich liebe Sport, gehe gerne ins Kino und lese viel. Aber ehrlich gesagt war das in der Zeit, als meine Tochter noch klein war und ich am Anfang meiner Karriere stand, dann eher die Ausnahme. Wenn ich Glück hatte, fielen die »Papa-Wochenenden« und die freien Sendetage zusammen, denn das war die einzig mögliche Zeit, etwas für mich zu tun.

Jede Speise trägt irgendeine Offenbarung in sich.
(Friedrich Nietzsche)

Was bedeutet Spiritualität für Sie und wie integrieren Sie Spiritualität oder Glauben in ihren Alltag?

Ich bin katholisch erzogen und muss sagen, dass meine erste Beichte schon gro-ßen Eindruck auf mich gemacht hat. Ich hatte mir die Sünden zwar extra zu die-sem Ereignis ausgedacht, weil ich mich im Alter von zehn Jahren an keine richtige

Sünde erinnern konnte, aber trotzdem fühlte ich mich danach fast euphorisch und wunderbar rein. Dieser Effekt hielt leider nicht lange an, und später im Leben überzeugte mich das System Kirche immer weniger. Damit möchte ich nicht die große soziale und karitative Arbeit schmälern, die unsere Kirchen leisten. Nur meine Vorstellung von einer höheren Macht ist nicht an einen Namen gebunden. Ich glaube vielmehr, dass spirituelle Kraft in uns allen ist.

Meine Tochter habe ich nicht taufen lassen, aber sie ist auf meinen Wunsch hin zum Religionsunterricht in der Schule gegangen. Sie sollte selbst entscheiden, ob sie in eine Kirche eintreten wollte.

Alle Genüsse sind schließlich Einbildung,
und wer die größte Fantasie hat,
hat den größten Genuss. (Theodor Fontane)

Welchen Stellenwert hat Kochen für Sie?

Man könnte schmunzelnd sagen: Wer lesen kann, kann auch kochen! Nein, im Ernst, ich koche sehr gerne und angeblich auch gut. Neue Rezepte inspirieren mich. Im Kochbuch zu stöbern, Einkaufen und sich dann an die Arbeit zu machen, das alles ist für mich die reinste Entspannung. Wobei ich auf der anderen Seite auch die Tochter meiner Mutter bin und in 30 Minuten aus dem, was der Kühlschrank hergibt, ein frisch gekochtes Essen zaubern kann. Das ist ein Sport, der in meiner Familie Tradition hat!

Besser zu viel gegessen als zu wenig getrunken. (Max Böhm)

Gehört gemeinsame Esskultur in Ihren Alltag?

Oh ja, mein Mann und ich kochen und essen fast jeden Abend gemeinsam. Und wenn meine Tochter und ihr Freund zu Besuch sind, dann ist das 3-Gänge-Menü fast die Regel. Dabei wird geplaudert, Wein getrunken und die wichtigen sowie die unwichtigen Dinge des Lebens erörtert. Da Küche, Ess- und Wohnbereich sowieso in einem Raum liegen, gehen sowohl das Delegieren von Schnippel- und Tischdeckarbeiten als auch die Kommunikation reibungslos.

Mein Erfolgsrezept
Hühnchenbrust aus dem Ofen in Tomatensugo mit Vollkornbasmatireis.
Dieses Gericht ist proteinreich, fettarm, trotzdem yummy, und das Kochfeld bleibt sauber. Bei einer offenen Küche nicht nur ein optisch entspannender Vorteil!

Hühnchenbrus
in Tomatensug

Zutaten:

4 Hühnerbrüste (am besten Bio, bei Hühnchen
schmeckt man extrem den Unterschied)

500 g Kirschtomaten

2 EL kleine Kapern

1 Tasse entsteinte schwarze Oliven

1 unbehandelte Zitrone

4 EL Olivenöl

2 Tassen Vollkornbasmatireis

Zubereitung:

Reis aufsetzen. Vollkornbasmatireis braucht 30 Minuten, bis er weich ist.

Kirschtomaten halbieren und zu dem Olivenöl in eine feuerfeste Kasserolle geben, salzen, pfeffern, wer mag, kann auch eine kleine Chilischote fein geschnitten dazugeben, Oliven halbieren und das Ganze mit den Kapern durchmischen.

Mit etwas Zitronenabrieb würzen (nicht zu viel, circa ein Esslöffel).

Hühnerbrüste salzen, pfeffern und auf das Tomaten-, Oliven-, und Kaperngemisch legen.

Bei 200 Grad im Ofen, je nach Dicke der Fleischstücke, für ca. 20 bis 30 Minuten garen. Dabei einmal durchrühren und die Hühnerbrüste wenden.

Den Reis mit einem Stückchen Butter und, wenn man hat, mit Schnittlauchröllchen verfeinern und mit dem Tomatensugo beträufeln.

aus dem Ofen
mit Vollkornbasmatireis

Geboren am: 1. April 1983, auf dem Land aufgewachsen

Lebt in: Enghausen, Gemeinde Mauern, mit ihren Schwiegereltern und ihrer eigenen Familie unter einem Dach

Familienstand: verheiratet, 2 Kinder

Beruf: zunächst Erzieherin, jetzt zertifizierte Erlebnisbäuerin, Fortbildung zur Agrarbürofachfrau

Mutter geworden mit: 23 und 25 Jahren

Ihre Passion: Brotbacken im eigenen Brotbackhaus

Umgestaltung: Erweiterung des Milchviehbetriebes zum zertifizierten Erlebnisbauernhof im Jahr 2008

Berufliche Leidenschaft: Entwicklung von Bauernhof-Erlebnisangeboten für Kindergartengruppen, Behindertengruppen, Schulklassen, Landfrauen und Mutter-Kind-Gruppen

Auszeichnungen: Bayerischer Staatspreis »Bäuerin als Unternehmerin des Jahres 2011«, für ihr Konzept des »WIESER Erlebnisbauernhofes«. Der WIESER Erlebnisbauernhof wurde 2011 darüber hinaus mit der 10.000sten Goldenen Sicherheitsplakette der landwirtschaftlichen Berufsgenossenschaft sowie mit der Kindersicherheitsplakette »Kinder sicher und gesund auf dem Bauernhof« ausgezeichnet.

Leitsatz: Die Arbeit, die uns freut, wird zum Vergnügen.

Sonja Hörmannskirchner

»Wenn reichliche Körner das Ackerfeld trägt,

klipp klapp. Die Mühle dann flink ihre Räder bewegt,

klipp klapp … (Ernst Anschütz)

Was war als Kind ihr Traumberuf?

Als Kind hatte ich ständig andere Traumberufe: heute Kinderpflegerin, morgen Köchin, am nächsten Tag Tierärztin. Klarheit haben mir Praktika im Krankenhaus und im Kindergarten gebracht. Dort habe ich festgestellt, dass ich gerne mit Menschen, vor allem mit Kindern arbeite. Heute mache ich die Summe aus allem, was ich mir als Kind erträumt habe: Als Bäuerin eines Erlebnisbauernhofes bin ich sowohl Köchin als auch manchmal »Tierärztin« (für die Milchkühe, Ziegen, Hühner, Hasen, den Hund und die Katzen), und ich arbeite nicht nur mit meinen, sondern auch mit den Gastkindern. Um Erlebnisbäuerin zu werden, habe ich an einer Qualifizierung vom Amt für Ernährung, Landwirtschaft und Forsten teilgenommen. Unser Hof wurde dadurch als Lernort-Bauernhof zertifiziert.

Ich biete auf unserem Hof feste Eltern-Kind-Gruppen an. Mütter oder Väter kommen mit ihren Kindern im Alter von anderthalb bis vier Jahren regelmäßig einmal pro Woche zu uns und lernen so den Hof im Laufe der Jahreszeiten kennen. Neben den jedes Jahr wiederkehrenden Aktionen wie die Ostereiersuche, Erntedankfeste, das Plätzchenbacken oder die Wald-Weihnacht lege ich einen großen Schwerpunkt auf die nachhaltige Bildung über Ernährung. Nach dem Motto: »Wissen, wo es herkommt« bereite ich mit den Gruppen Brotzeiten mit Bauernhofprodukten zu. Die Kinder fühlen, wie warm die Milch im Euter der Kuh ist, wir schneiden Getreide, mahlen Weizen selbst zu Mehl und wir backen gemeinsam in unserem Brotbackhaus ein herzhaftes Bauernbrot. Inzwischen ist die Nachfrage so gestiegen, dass ich neben Projekttagen für Kinder von drei bis sechs Jahren auch einzelne Bauernhof-Erlebnistage mit Brotbacken für Kindergartengruppen, Behindertengruppen, Schulklassen und Landfrauen anbiete.

Welche Zutaten für Ihre Karriere wurden Ihnen in die Wiege gelegt, welche mussten Sie sich hart erarbeiten?

Ich bin zwar auf dem Land aufgewachsen, aber nicht auf einem Bauernhof. Mit Landwirtschaft hatte ich wenig am Hut, außer dass meine Großeltern einen Bauernhof hatten. Das hat mich sehr geprägt. Meine Freude, mit Menschen zu arbeiten, Offenheit, Kommunikationsfreude und Organisationstalent sind Zutaten, die mir in die Wiege gelegt wurden. Außerdem habe ich Stärken im hauswirtschaftlichen Bereich. Die Schwiegereltern standen am Anfang meinem Erlebnisbauernhof-Projekt skeptisch gegenüber. Sie konnten sich gar nicht vorstellen, dass fremde Leute auf ihren Hof kommen. Ich habe das Ganze nur geschafft, weil ich die absolute Unterstützung meines Mannes hatte.

Heute sind meine Schwiegereltern stolz, dass das Konzept so gut ankommt, es den Menschen bei uns gefällt und wir so viele positive Rückmeldungen bekommen.

Natürlich kam im Laufe der Zeit auch immer mehr buchhalterische Arbeit auf mich zu. Diese kaufmännische Komponente meiner Arbeit musste ich mir Stück für Stück aneignen.

Mein Mann hat mich von Anfang an unterstützt und sagte: »Genau das machen wir jetzt aus unserem Hof!« Er hat nicht nur mental hinter mir gestanden, sondern handfest geholfen. Er baute mir ein Brotbackhaus, einen riesigen Sandkasten für die Kindergruppe und ein Hühnerhaus, in das die Kinder hineingehen können. Den Garten haben wir gemeinsam neu gestaltet, aber den Gemüsegarten und die Kräuterspirale hat wiederum mein Mann gebaut. Er unterstützt mich auch bei spontanen Einfällen, wie zum Beispiel bei meiner Idee, ein Insektenhaus zu bauen. Dann macht er den Rohentwurf des Häuschens, und ich gestalte dann den Kasten und befülle ihn gemeinsam mit den Kindern.

Neben meinem Mann unterstützen mich beide Omas. Meine Mutter kommt in der Hauptsaison einmal in der Woche zu uns auf den Hof, um meine Kinder zu betreuen, damit ich den Rücken freihabe für meine Erlebnisprojekte. An den anderen vier Tagen geht sie selbst arbeiten. Wenn darüber hinaus ganze Schulgruppen kommen, steht meine Schwiegermutter mir zur Seite. Sie hat auch meine Kinder betreut, als ich im vergangen Winter eine Fortbildung zur Agrarbürofachfrau gemacht habe.

Cibi condimentum est fames –
Der Speise Würze ist der Hunger. (Cicero)

Wie wurde daraus Ihr persönliches Erfolgsrezept?

Mein persönliches Erfolgsrezept wurde daraus, indem ich alle Aufgaben mit Herzblut angegangen bin. Genau das merken auch die Menschen, die zu uns kommen. Ich gehe in meiner Arbeit auf und mache alles mit viel Liebe und Freude. Das wiederum spürt auch meine Familie, weil sie merkt, wie viel Spaß mir meine Arbeit bereitet. Ich denke, das ist auch der Grund, warum ich von allen so viel Unterstützung erfahre und sie so hinter mir stehen.

Wer nicht kommt zur rechten Zeit, der muss essen,
was übrig bleibt. (Sprichwort)

Welche Rückschläge gab es in Ihrem Leben und wie haben Sie diese gemeistert?

Ein Hof ist ein sehr intaktes System, in dem die Aufgabenverteilung sehr klar geregelt ist, und die lief auch ohne mein Zutun gut. Ich habe in den Hof eingeheiratet. Es hat schon ein wenig Zeit gebraucht, um meine Rolle hier zu finden und in die Landwirtschaft hineinzuwachsen.

Am Anfang war es für mich völlig ungewohnt, dass mein Mann so extrem viel arbeitete. Nicht nur auf dem Hof, sondern auch für ein paar Wochenstunden außer-

halb. Wenn er dann heimkommt, steht am besten schon das Essen auf dem Tisch, denn danach arbeitet er direkt auf unserem Hof weiter und zwar so lange, wie es draußen hell ist. Das kannte ich von zu Hause nicht. Wenn die Arbeit getan war, war sie getan. Auf einem Hof gibt es immer Arbeit. Als dann das Baby auf die Welt kam, fiel mir die Decke auf den Kopf. Ich war viel alleine mit Baby und Haushalt und brauchte noch eine andere Herausforderung für mich. So ist der Wunsch entstanden, mir einen eigenen Bereich auf dem Hof aufzubauen. Das war der Anstoß zum Erlebnisbauernhof. Für viele junge Bäuerinnen ist es nicht so einfach, in ein intaktes Familienleben auf einen Hof zu kommen, und es braucht Zeit, bis sie ihren eigenen Platz finden. Was mir auf jeden Fall geholfen hat, war ein langer Atem, Durchhaltevermögen und ein genaues Ziel vor Augen.

Ich habe dich so lieb! Ich würde dir ohne Bedenken eine Kachel aus meinem Ofen schenken. (Joachim Ringelnatz)

Wie lautet Ihr Erfolgsrezept für eine glückliche Beziehung?

Immer auf die 80 bis 90 Prozent schauen, die gut laufen und gut funktionieren und den Rest einfach ignorieren. Ich bin jemand, der gerne Dinge ausspricht. Mein Mann ist eher jemand, der aktiv anpackt und handelt. Manchmal kann man gar nicht alles ausquatschen. Wir haben gelernt, dass, wenn es einen Streitpunkt gibt, wir diesen zwar ansprechen, aber nicht endlos ausdiskutieren. Man darf es nicht so weit kommen lassen, dass ein Disput daran schuld ist, dass zum Beispiel ein Schwimmbadbesuch der Kinder platzt. Wir schaffen es, dass wir trotzdem alle gemeinsam gehen.

Ein Erfolgsrezept ist ein rechtzeitiger und einfacher Themenwechsel, sonst streiten wir uns richtig. Und das wollen wir nicht!

Hörmannskirchner

Welche Werte leben und vermitteln Sie?

Treue, Ehrlichkeit, Bodenständigkeit, Brauchtumspflege, Achtung und Wertschätzung gegenüber Lebensmitteln. »Wissen, wo es herkommt!« ist der rote Faden meiner Erlebnisangebote, auf die ich auch privat Wert lege. Ich achte sehr auf regionale und saisonale Produkte beim Einkaufen, werfe möglichst wenig Lebensmittel weg, verwerte Reste, die ich entweder für uns verkoche oder den Hühnern gebe. Dann habe ich nicht ein ganz so schlechtes Gewissen. Ich versuche, das meinen eigenen Kindern zu vermitteln, wenn sie wieder mal nur vom Ei das Eiweiß essen wollen, nicht den Eidotter. Ich erkläre es ihnen so: »Das Huhn hat sich sehr viel Arbeit gemacht und wäre sehr traurig, wenn du das Eigelb wegwirfst!« Ich backe immer selber Brot. Als meine Kinder die Rinde mal nicht wollten, habe ich ihnen erzählt, dass sie den Weizen darin doch selbst mit Papa auf dem Traktor angebaut haben.

Ein kalter Ofen bäckt kein Brot. (aus Estland)

Warum war in ihrem persönlichen Lebensrezept eine Karriere ohne Kinder nicht denkbar?

Meine Kinder waren erst der Anstoß dafür, unseren Hof zum Erlebnisbauernhof umzubauen. Als ich meinen Mann geheiratet habe, arbeitete ich noch im Kindergarten. Während der sechsmonatigen Babypause kam das Projekt ins Rollen. Mit meinem kleinen Baby wollte ich nicht wieder Vollzeit im Kindergarten arbeiten, und Teilzeit wäre nicht gegangen, weil es sowieso keine Kleinkinderkrippe gab. Ehrlich gesagt hätte ich auch nicht gewollt, dass mein Kind komplett fremdbetreut wird.

Wie lautet das Grundrezept für die Erziehung ihrer Kinder?

Kinder brauchen Wurzeln und Flügel. Es ist mir wichtig zu vermitteln, wo sie hingehören, nämlich zur Familie. Erst wenn sie gefestigt sind, sollten sie in die weite Welt hinausgelassen werden. Mein Sohn ist mit vier Jahren in den Kindergarten gegangen, meine Tochter wird mit drei Jahren noch zu Hause betreut. Meine Tante ist der Notnagel, wenn alle Stricke reißen.

Rituale und Rhythmen sind mir für die Kinder wichtig. Sie geben äußeren und inneren Halt. Der Bauernhof gibt eine solche Struktur natürlich schon von sich aus vor: Früh morgens werden die Tiere versorgt oder um 17 Uhr geht es in den Kuhstall zum Melken. Die letzte Stunde vor dem Zubettgehen gehört ganz den Kindern: Schlafanzug, Zähneputzen, schnell zu Oma und Opa flitzen, und dann wird etwas vorgelesen. Sonntags gibt es ein Tischgebet.

Leben Sie ein modernes Familienmanagement?

Zu 90 Prozent bin ich für die Kinder verantwortlich, organisiere den Ablauf, kümmere mich um Arzttermine, die Unterbringung, wenn ich selber arbeite. Mein Mann ist viel auf dem Hof beschäftigt und bezieht in diese Arbeit unseren Sohn mit ein. Er darf auch schon in der Werkstatt mitarbeiten. Abgesehen davon bin ich die Familienmanagerin.

Geht das Rezept Karriere und Kinder aus Ihrer Sicht als Mutter in Deutschland auf oder fehlen wesentliche Zutaten, die Politik und Gesellschaft noch beisteuern müssten?

Es funktioniert nur, wenn man genügend Unterstützung von außen bekommt. Am besten sollte man sich zusammenschließen, mit den Großeltern, Freunden oder Nachbarn. Anders geht es meiner Meinung nach nicht. Als Zutaten fehlen sicherlich viel flexiblere Arbeitszeiten für Mütter und mehr Verständnis für ihre Situation. Dass es ohne familiäre Unterstützung nicht geht, sehe ich auch im Freundeskreis. Es sei denn, man verdient so viel Geld, dass man es sich leisten kann, für die Kinderbetreuung jemanden anzustellen.

Kinderkrippen sind zu teuer, hinzu kommt ja auch noch Essens- und Windelgeld. Man muss sehr gut abwägen, ob sich ein eigener Verdienst überhaupt lohnt oder ob die Kinderbetreuungskosten im Gegenzug eine zu hohe finanzielle Belastung sind. Die Betreuungskosten sollten günstiger sein oder sogar ganz abgeschafft werden.

Spezielle Schulbusse oder auch Busse für Kindergärten, die von Haustür zu Haustür fahren, wären eine weitere begrüßenswerte Zutat. Dann haben Mütter zum einen ein gutes Gefühl, dass die Kinder sicher und gut hin- und zurückkommen, und können in der Zeit selbst arbeiten, anstatt den »Chauffeurdienst« zum Kindergarten zu übernehmen. Meine Nachbarin fährt jeden Tag dem Schulbus hinterher, den ihr schulpflichtiger Sohn nutzen darf, aus versicherungstechnischen Gründen nicht aber ihr jüngstes Kind, das noch in den Kindergarten geht. Beide Einrichtungen sind aber im selben Gebäude. Da muss es doch ein besseres Rezept geben!

Wie sieht Ihr Work-Life-Balance-Rezept aus?

Mein Wunsch wäre natürlich, jedem gerecht zu werden, dass mein Mann glücklich ist und ich mehr Zeit für mich hätte. Tatsache ist, der Tag könnte mehr Stunden oder die Woche mehr Tage haben. Aus Rücksicht auf meine eigenen Kinder mache ich vieles abends oder nachts. Ich lege Wert darauf, dass meine Kinder pünktlich ins Bett gehen. Um acht Uhr ist Ruhe, und dann kommt die Büroarbeit oder auch die Bügelwäsche. Das ist zwar kein Work-Life-Balance-Konzept, aber das ist es mir Wert – denn dann habe ich trotzdem entspannte Tage.

Essen und Trinken hält Leib und Seele zusammen. (Sokrates)

Was bedeutet Spiritualität für Sie, und wie integrieren Sie Spiritualität oder Glauben in ihren Alltag?

Glaube hängt für mich eng mit der Wertschätzung von Tieren und Lebensmitteln zusammen. Wir beten sonntags, weil ich vermitteln will, dass wir zwar das Getreide anbauen, aber »Gott« es wachsen lässt. Es gehören sehr viele glückliche Umstände dazu, dass man eine gute Ernte hat, denn manche Dinge hat man nicht selber in der Hand. Ich bin schon gläubig, gehe ab und zu in die Kirche. Das gehört zum aktiven Dorfleben genauso wie Religiosität und Brauchtum. Das Brauchtum spielt auch auf unserem Hof eine große Rolle, wie beispielsweise Ostern die Felder abzugehen oder Weihnachten Weihrauch zu den Tieren zu tragen. Ich glaube nicht an den großen alten Mann mit dem weißen Bart, aber ich glaube an eine höhere Instanz.

Eine gute Küche ist das Fundament allen Glücks. (Auguste Escoffier)

Welchen Stellenwert hat Kochen für Sie?

Kochen hat einen sehr hohen Stellenwert für mich. Ich koche jeden Mittag warm, weil ein warmes Essen richtig satt macht. Das ist ganz besonders wichtig für meinen Mann, der sehr viel draußen arbeitet. Wenn er es mittags nicht nach Hause schafft, mache ich ihm das Essen warm, wenn er heimkommt. Wenn es nach ihm ginge, könnte es bei uns jeden Tag Fleisch geben. Freitags koche ich aber nur Fastenspeisen wie Kartoffeln mit Butter, Kaiserschmarrn, eine Gemüsesuppe, oder es gibt Fisch. Es ist mir sehr wichtig, meine Kinder in die Küchenarbeit mit einzubeziehen. Meine kleine Tochter kann schon Eier aufschlagen und trennen. Wir machen Pommes selber, mein Sohn baut eigene Kohlrabis an oder er backt schon mal einen Kuchen unter meiner Anleitung. Kochen und Backen sind wunderschöne, gemeinsame Beschäftigungen. Ein Essen schmeckt meinen Kindern einfach besser, wenn sie helfen, es zuzubereiten. Unsere Kinder sind die Verbraucher von morgen, und wer die Naturzusammenhänge versteht, lernt sie auch besser schätzen.

Geselliges Vergnügen, muntres Gespräch muss einem Festmahl die Würze geben. (William Shakespeare)

Gehört gemeinsame Esskultur in Ihren Alltag?

Unbedingt! Mir ist es wichtig, dass wir gemeinsam essen, denn die Gespräche am Tisch sind unentbehrlich. Samstags essen wir gemeinsam mit den Schwiegereltern. Was ich gar nicht leiden kann, ist das Essen vor dem Fernseher.

Mir wurde diese Esskultur schon vorgelebt, und ich esse gerne und mit Genuss, auch wenn ich total schlank bin. Mir ist es aber auch eine Freude, bei den Projekttagen auf dem Hof den Gästen die Zusammenhänge von Natur und Genuss zu vermitteln.

Mein Erfolgsrezept

Vielleicht backe ich nur noch Brot, wenn die Kinder aus dem Haus sind, weil mir das so viel Spaß macht. Auch der Kontakt zu den Menschen, die extra wegen meiner Brote auf den Hof kommen, ist mir wichtig. Etwas Besonderes spricht sich halt rum und deshalb hier mein bestes Brotrezept mit dem passenden Aufstrich: Enghauser Brot mit »Obazda«.

Enghauser Brot

Zutaten für 12 Brotlaibe à 1 Kg:

750 g Weizen, gemahlen	2 L Milch
6000 g Weizenmehl Typ 1050	2 L Wasser mit einem Spritzer
750 g Roggenmehl Typ 997	Apfelessig
500 g Sauerteig	5 Tl Brotgewürz
175 g Salz	1 Würfel Hefe
5 gekochte und zerdrückte Kartoffeln	

Zubereitung:

Alle Zutaten zu einem lockeren geschmeidigen Teig verkneten. Diesen kühl gestellt ungefähr 12 Stunden gehen lassen. Nun die Laibe auf einem bemehlten Backbrett formen und die Brote leicht mit Mehl bestäuben. Diese nochmals 10 Minuten gehen lassen.

Im Holzbackofen bei 280 Grad einschießen; Backzeit ca. 1 Stunde

»Obazda« – Bayerischer Brotaufstrich

200 g Camembert	Salz, Pfeffer
200 g Frischkäse	Paprikapulver, edelsüß
1 kleine Zwiebel, fein gehackt	

Zubereitung:

Den Camembert klein schneiden. Dann alle Zutaten in eine Schüssel füllen und mit einer Gabel vermengen. Mit Salz und Pfeffer abschmecken. Zum Schluss mit Paprikapulver bestreuen.

...nit »Obazda«

Geboren am: 3. Mai 1959 in Salzburg

Lebt in: Köln

Familienstand: ledig, 1 Sohn

Beruf: nach der Matura drei Jahre Schauspielausbildung am Mozarteum in Salzburg mit dem Abschluss Diplomschauspielerin; Theaterengagements u.a. am Oldenburger Staatstheater und Volkstheater Wien; Fernsehrollen im Österreichischen Rundfunk; seit der ersten Folge 1985 Rolle der »Gabi Zenker« aus der »Lindenstraße«

Mutter geworden mit: 35 Jahren

Ihre Passion: anderen zu helfen, im Theater Zuschauer zum Lachen oder Nachdenken zu bringen; außerdem gute Musik – Swing und Latin – und Golf

Berufliche Leidenschaft: Schauspielerei in jeglicher Form, ob in der »Lindenstraße« oder am Theater wie beispielsweise in Düsseldorf, Braunschweig oder München

Auszeichnungen: mehrfache Auszeichnungen für ihr schauspielerisches Wirken; Karl-Skraup-Nachwuchspreis des Volkstheaters Wien, 1984; »Bambi« für die »Lindenstraße«, 1989; »Goldene Kamera« für die »Lindenstraße«, 1998; Nominierung als »beliebteste Seriendarstellerin« für den Film- und Fernsehpreis »Romy«, 2011. Außerdem wurde sie in die Akademie für Kunst und Wissenschaft in Rom (Accademia Angelica Costantiniana di Lettere Arti et Scienze) aufgenommen.

Leitsatz: Mehr sein als scheinen.

Andrea Spatzek

Was war als Kind Ihr Traumberuf?

Mein Bruder Christian ist drei Jahre älter als ich. Mit neun Jahren hat er auf der Wiese hinter unserem Haus den »Räuber Hotzenplotz« gespielt und mir versprochen, dass ich in seiner nächsten Aufführung einen Polizisten spielen dürfe. Den Text kann ich heute noch, aber leider ist es nie zu einer Aufführung gekommen. Die Schauspielerei war schon immer das, was ich gerne machen wollte. In der Schule war ich sehr schüchtern, aber wenn es um das Theaterspielen ging, war ich immer ganz vorne dabei. Als das Krippenspiel in Englisch aufgeführt werden sollte, habe ich sofort aufgezeigt, auch wenn ich mich im Englischunterricht nie gemeldet habe.

Zwischenzeitlich wollte ich zwar auch mal Lehrerin oder Stewardess werden, aber dann gründete mein Bruder mit seinem damaligen Deutschlehrer eine Laienspielgruppe. Ich war 14 Jahre alt und mit dabei; von dem Moment an war mein Berufswunsch klar. Zwei Jahre lang haben wir überall Theater gespielt, in Zagreb, in Wien und in Bad Radkersburg bei den Jugend-Theatertagen. Es war eine sehr intensive Zeit des Theaterspielens und von den zehn Schauspielern, die damals dort ein Engagement hatten, waren an einem Sonntag fünf auf einen Schlag im Fernsehen: Mein Bruder Christian Spatzek im Dreiteiler »Ochsenkrieg«, Susanne Czepl mit Rudi Carrell in »Rudis Tagesshow«, Gerhard Martin Karzel in »Frankensteins Tante«, Andreas Wimberger in einer Aufführung der Kammerspiele in München und ich als »Gabi Zenker« in der »Lindenstraße«. Schauspielerin war also schon immer mein Traumberuf.

Welche Zutaten für Ihre Karriere wurden Ihnen in die Wiege gelegt, welche mussten Sie sich hart erarbeiten?

Ich habe eine nicht ganz alltägliche, eher tiefe Stimme, die einen hohen Wiedererkennungswert hat. Die habe ich von meiner Mutter geerbt, die Musikalität von meinem Vater. Im wirklichen Leben bin ich verhältnismäßig schüchtern, aber sobald ich in andere Rollen schlüpfen kann, fühle ich mich sehr wohl. Das war schon immer so. Mein Vater war bereits beim Berufswunsch meines Bruders, der ebenfalls Schauspieler geworden ist, sehr skeptisch. Ich musste lange mit ihm darum kämpfen, diesen Weg ebenfalls einschlagen zu dürfen. Heimlich habe ich die Aufnahmeprüfung auf das Mozarteum in Salzburg gemacht. Ich wollte mir später nicht den Vorwurf machen, es nicht wenigstens versucht zu haben. Hätte mir das Mozarteum nicht bestätigt, dass ich begabt bin, wäre die Sache für mich erledigt gewesen. Dann hätte ich weiter Englisch und Französisch studiert. Aber ich habe die Aufnahmeprüfung bestanden und danach meinen Vater angerufen. Als er das hörte, warf er den Telefonhörer hin. Mein Bruder hat meinen Vater drei Stunden bequatscht und ihn überredet, dass er mich meinen Weg gehen lassen soll, weil es wichtig für meine Entwicklung wäre. Letzten Endes musste ich also für die Verwirklichung meines beruflichen Traumes kämpfen.

Mein Bruder hat mir dabei ganz klar geholfen. Er hat sich eingesetzt, er war der Vorreiter, er war auch derjenige, der mich zu der Laienschauspielgruppe mitgenommen hat. Und er hat bei verschiedenen Engagements immer wieder seine Hand im Spiel gehabt.

*Aber kein Genuss ist vorübergehend, denn der Eindruck,
den er hinterlässt, ist bleibend.* (Johann Wolfgang von Goethe)

Wie wurde daraus Ihr persönliches Erfolgsrezept?

Wenn man Schauspielerin wird, dann geht das nur mit Haut und Seele. Halbherzig kann man den Beruf nicht ausführen und ausfüllen. Vor allem am Anfang der Karriere spielt sich ein Großteil des Lebens im Theater ab, man frühstückt dort, isst gemeinsam zu Mittag, probt, spielt, hat selber eine Vorstellung oder schaut sich andere Vorstellungen an.

Ich habe gerade zu Beginn meiner Karriere Tag und Nacht meinen Beruf gelebt. Durch das viele Theaterspielen und das Auftreten vor vielen Leuten bin ich insgesamt lockerer geworden und habe mehr Selbstbewusstsein bekommen.

Das Trinkgeschirr, sobald es leer, macht keine rechte Freude mehr.
(Wilhelm Busch)

Welche Rückschläge gab es in Ihrem Leben und wie haben Sie diese gemeistert?

In der Beziehung zum Vater meines Sohnes gab es gravierende pekuniäre Probleme, als mein Sohn noch ein Kleinkind war. Ich habe in das Unternehmen meines ehemaligen Lebensgefährten sowohl meine Honorare aus der »Lindenstraße« als auch meine Ersparnisse gesteckt, und deshalb zeitweise nicht einmal mehr gewusst, von welchem Geld ich die Windeln für meinen Sohn kaufen soll. Dann ging seine Firma in Konkurs und mein ganzes Geld war weg. Damit die finanzielle Spirale nicht noch weiter nach unten ging, habe ich mich von meinem ehemaligen Lebensgefährten getrennt. Das Geld blieb zwar verloren, aber so konnte ich wenigstens aus eigener Kraft wieder aus den Schulden herauskommen. Durch Sparen am richtigen Fleck habe ich mich peu à peu von den Schulden befreien können.

Wie lautet Ihr Erfolgsrezept für eine glückliche Beziehung?

Zu einer glücklichen Beziehung gehört für mich, dass keiner vom anderen abhängig ist, jeder Freiräume und Freizeiten hat, dass man nicht aufeinander kleben bleibt und trotzdem viel miteinander unternimmt. Natürlich nur, wenn beide es wollen. Gemeinsame Interessen sind sehr wichtig: Kunst, Kultur, Reisen, Musik, Kino oder Theater. Man muss den anderen schätzen, aber auch selbst geschätzt werden.

Auch wenn ich zurzeit in keiner Beziehung lebe, so habe ich doch die Hoffnung nicht aufgegeben, einen Partner zu finden, mit dem ich auf Augenhöhe zusammen sein kann. Es ist mir schon wichtig, dass jeder sein eigenes Leben weiterlebt; zusammenziehen müsste nicht sein, aber wir sollten trotzdem möglichst viel Zeit miteinander verbringen.

Welche Werte leben und vermitteln Sie?

Ich lebe Respekt und Höflichkeit im Umgang mit anderen. Ich schenke lieber, als das ich beschenkt werde. Ich würde mich als altruistisch bezeichnen, weil ich mich lieber um andere Menschen kümmere, als um mich selbst. Ganz wichtig sind mir beispielsweise Respekt und gutes Benehmen gegenüber älteren Menschen. Ich lebe diese Werte meinem Sohn vor, so nehme ich beispielsweise älteren Frauen in der Nachbarschaft häufiger die Einkaufstüten ab und stelle sie vor ihre Haustür. Ich schaue nicht weg, sondern helfe, und es freut mich zu sehen, dass auch mein Sohn seine Hilfe anbietet.

Gott gibt die Nüsse, aber er beißt sie nicht auf. (Johann Wolfgang von Goethe)

Warum war in ihrem persönlichen Lebensrezept eine Karriere ohne Kinder nicht denkbar?

Ich wollte schon immer gerne Kinder haben. Als ich selbst noch ein Kind war, habe ich immer mit den Jüngeren gespielt. Im Urlaub auf dem Campingplatz waren alle kleinen Kinder um mich herum; das ging so, bis ich 15 Jahre alt war. Deshalb hatte ich ja auch mal den Berufswunsch, Lehrerin zu werden.

Mit einem passenden Partner hätte ich gerne weitere Kinder gehabt. Zu Beginn meiner Karriere bekam eine Schauspielkollegin ein Kind. Damals war es für mich undenkbar, am Abend eine Vorstellung zu haben und das Kind nicht selbst ins Bett bringen zu können. Ich habe mich gefragt: »Wie kann ich das unter einen Hut bekommen?« Deshalb habe ich den Gedanken, ein Kind zu bekommen, erst einmal vor mir hergeschoben. Dann hatte ich Glück: In der »Lindenstraße« sind die Arbeitszeiten anders geregelt als am Theater. Ich hatte die Wochenenden und die Abende frei. Das sind die Termine, an denen normalerweise Theater gespielt wird. In der »Lindenstraße« wurde dann eigens für meinen Sohn eine Kindergruppe eingerichtet, in die ich mein acht Wochen altes Baby bringen konnte. Während der Drehzeiten wurde er dort sehr gut betreut.

Ei und Kloß machen groß. (Kinderreim)

Wie lautet das Grundrezept für die Erziehung ihrer Kinder?

Dem Kind Wege zeigen, aber es eigene Fehler machen lassen. Es soll lernen, Verantwortung zu übernehmen. Respekt, gute Manieren und die bereits angesprochenen Werte sind zu vermitteln. Vor allem muss man die Werte vorleben!

Ich habe immer sehr viel mit meinem Sohn geredet, dadurch bekomme ich viel aus seinem Leben mit und er hat sich dadurch ein breites Allgemeinwissen aneignen können.

Leben Sie ein modernes Familienmanagement?

Das Familienmodell heißt: erweiterte Familie! Dazu gehören mein Sohn und ich und manchmal auch sein Vater und dessen Lebensgefährtin. Inzwischen verstehen wir uns alle sehr gut und unternehmen auch immer wieder gemeinsam etwas, verreisen sogar zusammen, machen Ausflüge oder gehen gemeinsam Essen. Wir sind letzten Sommer alle zusammen auf eine Hütte nach Kärnten gefahren oder waren auch zusammen in einem Ferienhaus in Portugal. Gelebte erweitere Familie!

Durch meinen Sohn bin ich auf ewig mit meinem Ex-Mann verbunden, darum ist so ein Modell für mich die einzig logische Konsequenz.

Die Entdeckung einer neuen Speise fördert das Glück der Menschheit mehr als die Entdeckung eines neuen Sterns. (Jean Anthèlme Brillat-Savarin)

Geht das Rezept Karriere und Kinder aus Ihrer Sicht als Mutter in Deutschland auf oder fehlen wesentliche Zutaten, die Politik und Gesellschaft noch beisteuern müssten?

Ich hatte Glück, denn ich hatte immer jemanden, der auf mein Kind aufgepasst hat. Erst in der Kinderbetreuung der »Lindenstraße«, später im Kindergarten. Die »Lindenstraße« hat damals sogar extra einen Fahrservice organisiert, um meinen Sohn sicher aus Kindergarten oder Schule ins Studio zu bringen.

In Deutschland fehlen immer noch Kindergartenplätze, lokalere Sport- und Freizeitangebote für Kinder. Immer noch müssen Mütter oder Väter für solche Angebote weit fahren. Kleinere Schulklassen wären wünschenswert, denn durch die großen Klassenstärken kann manchmal Förderung nicht richtig gewährleistet werden. Für mich kommt auch die Wertevermittlung an den Schulen zu kurz. Es wäre interessant, Fächer zu entwickeln, in denen Werte wie Höflichkeit, Respekt, Benehmen, Manieren im Mittelpunkt stehen. Es wäre wünschenswert, den

Bildungsanspruch wieder hochzuschrauben, und zwar so, dass nicht nur Wissen, sondern auch Allgemeinwissen vermittelt wird.

Essen ist ein Bedürfnis, genießen ist eine Kunst.
(François VI. de La Rochefoucauld)

Wie sieht Ihr Work-Life-Balance-Rezept aus?

Ich drehe nicht täglich, dadurch kann ich mich immer wieder meinen Hobbys wie Golfen, Seidenmalerei, Stricken und Lesen widmen.

Pianta la vite per te, e l'ulivo per tuo figlio – Pflanze den Weinstock für dich und den Ölbaum für deinen Sohn. (aus Italien)

Was bedeutet Spiritualität für Sie und wie integrieren Sie Spiritualität oder Glauben in ihren Alltag?

Die Kirche hat keinerlei Bedeutung für mich, mein Sohn ist auch nicht getauft. Ich möchte ihm die Entscheidung selbst überlassen, ob er einer Konfession angehören und welchen Glauben er später annehmen möchte. Ich glaube schon, dass es eine Art Schicksal gibt, aber ich würde dem jetzt keinen speziellen Namen zuordnen.

Der Lieblingsspeisen Wahl lass mir zu allen Zeiten, wie sie der Monat bringt, und sorgsam zubereiten! (Johann Wolfgang von Goethe)

Welchen Stellenwert hat Kochen für Sie?

Ich koche gerne, viel, meistens frisch. Kartoffelpüree aus der Packung kommt bei mir »nicht in die Tüte«. Frisch kochen dauert ja auch nicht viel länger, schmeckt besser, und ich weiß, was drinnen ist. Ich habe meinem Sohn die Grundlagen des Kochens gezeigt, damit er sich auch selber mal versorgen kann.

Gehört gemeinsame Esskultur in Ihren Alltag?

Ich setze mich zum Frühstück immer zu meinem Sohn an den Tisch. Mittags koche ich, wenn ich keine Dreharbeiten habe, gehen wir auch mal gemeinsam essen. Gemeinsam Mahlzeiten einzunehmen ist uns sehr wichtig.

Mein Erfolgsrezept

Da ich sehr gerne koche, habe ich viele Lieblingsrezepte. Ein besonderes ist aus meiner Heimat »Erdäpfelgulasch«. Es ist schnell zubereitet und schmeckt gut. Es ist ein Gericht, das meist nur von österreichischen Müttern an ihre Töchter weitergegeben wird, aber ich verrate es Ihnen jetzt gerne.

Erdäpfelgulasch

Man nimmt bei 1 kg Kartoffeln 3/4 kg Zwiebeln.

Kartoffeln würfeln, Zwiebeln klein hacken und anschwitzen. Die Kartoffelwürfel dazugeben, salzen. Mindestens 1–2 TL edelsüßen Paprika dazugeben. Dann sofort so viel Wasser draufgeben, dass die Kartoffeln bedeckt sind. Je mehr Wasser man dazugibt, umso flüssiger wird das Gulasch.

Einen Suppenwürfel hinzufügen. Der Clou: ein TL Zucker.

Kochen, bis die Kartoffeln weich sind (im Schnellkochtopf etwa 10 Minuten).

Mit »a Gmachtl« (Mehl und Wasser) andicken.

Das »Erdäpfelgulasch« kann jetzt noch mit Rahm oder saurer Sahne verfeinert werden.

Das »I-Tüpfelchen« sind ein paar Frankfurter Würsteln.

Mir schmeckt's und meinen Gästen auch.

Karen Webb

Geboren am: 21. September 1971 in London

Lebt in: München

Familienstand: ledig, in Partnerschaft lebend, 2 Kinder (1 Tochter, 1 Sohn)

Beruf: Stipendiatin an der Universität Kalifornien, BWL-Studium an der Universität Nürnberg, abgeschlossenes Studium der Politikwissenschaft; aktuell noch Soziologie an der Fernuniversität Hagen (Masterstudiengang); bereits während ihres Studiums erste Erfahrungen als Journalistin; zunächst Volontariat bei verschiedenen Radiostationen in Nürnberg und München, u.a. bei Antenne Bayern; dann Wechsel zu SAT1, 2003 Wechsel zum ZDF; heute Moderatorin, Journalistin, Autorin und Lehrbeauftragte an der Ludwig-Maximilians-Universität München am Institut für Kommunikationswissenschaft

Mutter geworden mit: 37 und 40 Jahren

Ihre Passion: meinen Kindern helfen, die Welt zu entdecken

Berufliche Leidenschaft: vor der Kamera zu stehen, um die Zuschauer über Dinge zu informieren, für die sie sich interessieren. Mich faszinieren Menschen, und ich finde es spannend, beruflich Einblicke in ganz andere Welten zu bekommen, beispielsweise in den Pariser Modezirkus bei den Prêt-à-porter-Schauen, um dann wieder in die Normalität zurückzukehren.

Buchpublikationen: »Charmant in jeder Lebenslage – Was wir von Prominenten lernen können und was besser nicht«, 2009

Leitsatz: Positiv nach vorne schauen

Das beste Gewürz der Welt ist der Hunger.

(Miguel de Cervantes)

Was war als Kind Ihr Traumberuf?

Als kleines Kind wollte ich Theater spielen. Im Weihnachtsmärchen auf der Grundschule durften die besten vier Schüler eines Faches immer einen Engel spielen. Darauf richtete ich meine ganze Motivation aus. Und ich war immer einer der vier Engel!

Arbeit ist der Umweg zu allen Genüssen.

(Willy Brandt)

Welche Zutaten für Ihre Karriere wurden Ihnen in die Wiege gelegt, welche mussten Sie sich hart erarbeiten?

Ich bin eine Kämpfernatur. Wenn man etwas erreichen will, muss man auch etwas dafür tun. Das wurde mir von meinen Eltern vorgelebt, und ich habe deshalb meine Ziele immer hartnäckig verfolgt. Mein damaliger Radiochef Viktor Worms hat mir bereits zu meinen Radiozeiten eine starke Präsenz bescheinigt. Wenn man dazu eine gewisse »Telegenität« in die Wiege gelegt bekommt, muss man allerdings häufig beweisen, dass mehr dahintersteckt. Es gibt immer noch die verbreitete Meinung, wer lange Haare und lange Beine hat, kann nicht gleichzeitig etwas im Kopf haben! Das war besonders während meiner Ausbildungszeit so. Manchmal kann es allerdings auch von Vorteil sein, dass man auf Grund seines Aussehens unterschätzt wird.

Von meinem Elterhaus habe ich sehr viel Unterstützung erhalten, ich wurde nie gebremst. Mein Vater ist leider viel zu früh gestorben, aber meine Mutter hat mich immer ermutigt, Dinge auszuprobieren. Als ich 16 Jahre alt war, wollte ich für ein Jahr in die USA. Wir konnten uns das finanziell gar nicht leisten, aber es gab pro Bundesland jeweils einen Stipendiumsplatz, auf den habe ich mich beworben. Allein in Bayern konkurrierte ich mit 500 Mitbewerbern, aber ich habe das Stipendium bekommen. Ich hatte allerdings auch immer etwas Glück! Natürlich habe ich viel gearbeitet und mir ist nicht alles in den Schoß gefallen, aber scheinbar war ich auch immer zur rechten Zeit am richtigen Ort. So kam ich auch zum Fernsehen. Meine Radiokollegin Juliette Marischka wusste von einem Casting für die TV-Show von Fritz Egner und legte mir nahe, dort hinzugehen. Ich bekam den Job als Lockvogel und Assistentin bei »Verstehen Sie Spaß?«. Bei der ersten Aufzeichnung dieser Sendung sahen mich die Chefs von SAT1 und schickten mich direkt zum nächsten Casting für ihre Sendung »17:30 live«. Die Maskenbildnerin erzählte mir vor der Probesendung, man habe sich eigentlich schon für eine andere Kollegin entschieden. Da bin ich völlig unaufgeregt ins Auswahlverfahren gegangen. Vielleicht war das mein Erfolgsrezept, denn ich bekam den Job. Später hat mir ein Freund, Klaus Heim, Regisseur der ZDF-Sendung »Mona Lisa«, von der Suche nach einer neuen Moderatorin für diese Sendung erzählt. Erneut ging ich in ein Casting, und wieder klappte es.

Wer aus einem Weizen einen Kuchen machen will, muss das Mahlen abwarten. (William Shakespeare)

Wie wurde daraus Ihr persönliches Erfolgsrezept?

Mein Glaube, dass sich der richtige Weg öffnet, und meine Überzeugung, dass ich meine Ziele erreichen kann, wenn ich mich anstrenge, gehören zu meinem persönlichen Erfolgsrezept. Durch die Kinder bin ich außerdem ruhiger und zufriedener geworden, weil sich die Prioritäten verschoben haben.

Was der Frühling nicht säte, kann der Sommer nicht reifen, der Herbst nicht ernten, der Winter nicht genießen.

(Johann Gottfried von Herder)

Welche Rückschläge gab es in Ihrem Leben und wie haben Sie diese gemeistert?

Als Kind habe ich meinen Vater verloren, gemeistert habe ich das allerdings nicht. Man muss einfach damit leben. Das versteht jeder, der einen solchen Verlust erlitten hat.

Ein rechtschaffener Mann isst überall,
aber nicht einfach mit jedermann. (José Artur)

Wie lautet Ihr Erfolgsrezept für eine glückliche Beziehung?

Ich glaube, es gibt kein Erfolgsrezept. Entweder es passt, oder es passt eben nicht. Es muss Gemeinsamkeiten geben, zusammen zu lachen ist wichtig, und man muss sich Zeit füreinander nehmen. Neben gemeinsamen Unternehmungen ist Kommunikation essenziell für eine glückliche Beziehung. Wenn sich ein Paar im Restaurant gegenübersitzt und die beiden sich nichts zu sagen haben, weiß ich, dass ich so nicht leben möchte.

Die Kochkunst wird sich entwickeln,
ohne dabei aufzuhören, Kunst zu sein.
(Auguste Escoffier)

Welche Werte leben und vermitteln Sie?

Respekt und Toleranz zeigen, auch wenn einem etwas mal nicht passt! Leben und leben lassen ist meine Devise, den anderen so zu nehmen, wie er nun einmal ist, oder ihm aus dem Weg gehen.
Ehrlichkeit – damit eckt man zwar manchmal durchaus an. Aber auch wenn es nicht immer gut ankommt: Wer mich nach meiner Meinung fragt, bekommt eine ehrliche Antwort.

Verlässlichkeit – ich muss mich verlassen können, und auf mich kann man sich verlassen! Auch wenn momentan vielleicht ein paar Dinge langsamer gehen, mit zwei noch sehr kleinen Kindern, einem Fulltimejob und einem Lehrauftrag. Momentan durchlebe ich eine ganz besondere Zeit, die man nicht als Referenz nehmen kann.

Positiv zu denken, nach vorne zu schauen. Eine positive Einstellung ist oft schon die halbe Miete. Wenn ich denke, »das gelingt mir«, dann gelingt es mir doch viel eher, als wenn ich denke, »das schaffe ich ja doch nicht«.

Ein Gedicht kann niemals ein Dîner aufwiegen.
Un poème jamais ne valut un dîner. (Joseph de Berchoux)

Warum war in ihrem persönlichen Lebensrezept eine Karriere ohne Kinder nicht denkbar?

Für mich gehören Kinder zum Familienleben dazu. Es ist traumhaft, dieses Wunder des Heranwachsens zu erleben, ein Kind dabei zu begleiten, es mit Liebe zu überschütten und zu wissen, dass man diese Liebe doppelt und dreifach zurückerhält. Als meine Großtante kürzlich in gesegnetem Alter in London verstarb und sich dort ihre vielen Kinder und Enkelkinder versammelten, habe ich diesen großen Familienzusammenhalt sehr genossen. Vielleicht liegt es an meinen indischen Genen, weil es traditionell aufseiten meines Vaters große Familien gab; auch mir ist eine Familie mit Kindern sehr wichtig.

An deinem Herd bist du genauso ein König
wie jeder Monarch auf seinem Thron.
(Miguel de Cervantes)

Wie lautet das Grundrezept für die Erziehung ihrer Kinder?

Liebe und Vertrauen. Ich glaube, der Rest ergibt sich von allein. Von Reinhard Mey gibt es ein ganz tolles Lied: »Zeugnistag«. In dem Lied hat ein Zwölfjähriger so schlechte Noten auf dem Zeugnis, dass er es nicht zu Hause zeigen will und die Unterschrift der Eltern fälscht. Der Rektor will den Jungen wegen Urkundenfälschung überführen und lässt die Eltern kommen. Im Lied heißt es: »Mein Vater nahm das Zeugnis in die Hand und sah mich an und sagte ruhig: Was mich anbetrifft, so gibt es nicht die kleinste Spur eines Zweifels daran, das ist tatsächlich meine Unterschrift. Auch meine Mutter sagte, ja, das sei ihr Namenszug. Gekritzelt zwar, doch müsse man verstehen, dass sie vorher zwei große, schwere Einkaufstaschen trug.« Auch wenn es vielleicht moralisch verwerflich sein mag, aber immer wenn ich dieses Lied höre, denke ich mir: Genauso soll es sein!

Die Ehe ist ein Bankett, das mit dem Dessert beginnt. (Tristan Bernard)

Leben Sie ein modernes Familienmanagement?

Organisation ist bei uns wirklich alles. Mein Freund und ich haben einen gemeinsamen Handykalender, ohne den wir völlig aufgeschmissen wären. Alle Termine werden dort eingetragen. Wenn ich beispielsweise für einen Bericht über die Royals nach London fliege und ich meinen Termin eintrage, weiß er, dass er, sollte er zeitgleich einen Termin vereinbaren wollen, seine Termine nach Möglichkeit dementsprechend organisieren muss. Zusätzlich springen meine Mutter oder eine Leihoma ein. Meistens organisiere ich das, weil ich mich mit doppeltem Netz und Boden besser fühle. Wenn ich weiß, dass meine Mutter kommen kann, fällt es mir leichter, einen Job mit Übernachtung oder im Ausland zuzusagen.

Ich bin sozusagen die Familien- und Finanzministerin, organisiere alles von der Suche nach dem Kindergarten über Leihoma und Kinderarzt. Mein Freund ist für alles rund um Wohnung und Autos zuständig. Eigentlich haben wir von Anfang an eher eine klassische Rollenverteilung.

Geht das Rezept Karriere und Kinder aus Ihrer Sicht als Mutter in Deutschland auf oder fehlen wesentliche Zutaten, die Politik und Gesellschaft noch beisteuern müssten?

Also – es ist schwierig. Man kann mit zwei Kindern einem Beruf nachgehen. Aber Karriere impliziert ja auch, nach oben zu wollen. Karriere und gleichzeitig zwei Kleinkinder zu haben, stelle ich mir sehr schwer vor. Ich habe meine Karriere quasi abgeschlossen, habe das erreicht, was ich wollte, und dann erst meine zwei Kinder bekommen.

Es ist insofern nicht ganz einfach, weil viele Arbeitgeber den Arbeitnehmern nicht die Chance geben, in Teilzeit zu arbeiten. Wir haben bei »Leute heute« die Möglichkeit, uns eine volle Stelle zu teilen. Ich möchte zum Beispiel meine Kleinkinder nicht jeden Tag und für mehrere Stunden am Tag in fremde Hände geben. Ich habe zwar bereits wieder nach drei Monaten angefangen zu arbeiten, aber meine Tochter ist trotzdem zu Hause betreut worden, vormittags von mir und nachmittags von meinem Freund oder meiner Mutter. In München ist es übrigens schwer, einen Kinderkrippenplatz zu bekommen. Ich kann mir vorstellen, viele Frauen haben heutzutage auch Angst, schwanger zu werden, weil sie um ihren Arbeitsplatz fürchten und Sorge haben, ihren Job nicht wiederzubekommen.

Wie sieht Ihr Work-Life-Balance-Rezept aus?

Tapetenwechsel! Wir fahren gerne mal am Wochenende nach Italien. Das haben wir schon zu zweit, und dann zu dritt gemacht. Jetzt fahren wir zu viert und zwar regelmäßig. Dort haben wir einen äußerst schlechten Handyempfang und das ist gut so, wir bleiben dann weitestgehend ungestört. Ich habe zuvor schon meine derzeitige »Ausnahmesituation« mit Job und einem kleinem Baby angesprochen. Deshalb gehe ich zurzeit auch eher selten abends mit meinen Freundinnen weg. Ich besitze eine Sportmitgliedschaft, die ich allerdings ehrlich gesagt nur nutze, um dort in die Sauna zu gehen. Ich liebe die Sauna! Wenn die Kinder im Bett sind, liege ich gerne mal auf der Terrasse mit einem Glas Rotwein in der Hand, die Füße hoch.

Warte nicht mit Essen und Trinken, denn die Welt, die wir verlassen, gleicht einem Festmahl. (Talmud)

Was bedeutet Spiritualität für Sie und wie integrieren Sie Spiritualität oder Glauben in ihren Alltag?

Meinem dreijährigen Sohn habe ich gerade die erste Kinderbibel gekauft. Er kennt die Weihnachtsgeschichte, und ich versuche, die traditionellen Werte in den Alltag zu integrieren. Ich glaube an Gott und schicke regelmäßig ein stilles Gebet gen Himmel mit dem Wunsch, dass meine Kinder gesund bleiben, ich sie immer um mich habe und erleben kann, wie sie aufwachsen.

Der Geist ist denselben Gesetzen unterworfen wie der Körper: beide können sich nur durch beständige Nahrung erhalten. (Luc de Clapiers)

Welchen Stellenwert hat Kochen für Sie?

Wenn ich wirklich Zeit habe, macht es mir Spaß. Wenn ich etwas Neues ausprobiere, brauche ich allerdings zur Inspiration immer Kochbücher mit ganz vielen Bildern, die mich anlachen müssen. Mein Freund kann nicht kochen und isst weder Salat noch Gemüse. Das kann ich nicht ändern, aber ich möchte, dass meine Kinder sich gesund ernähren. Oft bereite ich am Morgen Mahlzeiten vor, damit es abends, wenn ich von der Arbeit nach Hause komme, schneller geht.

Gehört gemeinsame Esskultur in Ihren Alltag?

Wir schaffen meistens nur eine gemeinsame Mahlzeit, und das ist am Abend. Wenn es schnell gehen soll, sitzen wir an unserer Bar in der Küche, am liebsten aber am gedeckten Esstisch!

Welches Rezept kochen Sie am liebsten und warum?

Am liebsten lasse ich mich von meiner Mutter mit einem indischen Gericht bekochen, sie macht einfach das beste indische Curry! Die Kunst besteht darin, die Gewürze in der richtigen Zeit anzubraten.

Pasandra –

Traditionelles indisches Curry

Zutaten für 4 Personen:

500 g Rindfleisch (aus Schulter oder Hals)

2 Zwiebeln

3 Knoblauchzehen

1 Stück frische Ingwerwurzel, ca. 4 cm

1–2 TL Koriander

1–2 TL Kreuzkümmel

1 TL Garam Masala

15 g gemahlene Mandeln

2–3 EL geschmacksneutrales Öl

3–4 grüne Chilis oder 1 TL Chili-Pulver (kann auch weniger sein)

Salz

3 Tomaten

150 g Natur-Joghurt

Nach Belieben: 1/2 Bund frischer Koriander

So wird es zubereitet:

Das Fleisch in mundgerechte Stücke schneiden.

Zwiebeln und Knoblauch schälen und fein würfeln.

Den Ingwer schälen und fein schneiden.

Das Öl in einer großen Pfanne erhitzen.

Das Fleisch portionsweise darin anbraten und wieder herausheben.

Zwiebeln, Knoblauch und klein geschnittenen Ingwer in das verbliebene Fett geben und unter Rühren 5 Minuten anbraten. Gewürze hinzugeben und etwa 1 Minute mitbraten. Das ist der wichtigste Part. Die Gewürze müssen schön bräunen, dürfen aber nicht verbrennen.

Das Fleisch mit dem abgetropften Saft wieder in den Topf geben und mit 1/4 l Wasser aufgießen. Den Pfannendeckel auflegen und das Ganze bei schwacher Hitze 30 Minuten schmoren.

Inzwischen die Tomaten mit kochendem Wasser überbrühen und häuten.

In Viertel schneiden und dabei vom Stielansatz befreien. Nach 30 Minuten zum Fleisch geben und bei geschlossenem Topf weitere 30 Minuten garen.

Joghurt unter das Curry rühren und mit Korianderblättchen garnieren.

Mit Basmati-Reis servieren.

Guten Appetit und viel Spaß beim Nachkochen!

Geboren am: 8. November 1948

Lebt in: Köln und Siegen

Familienstand: 2-mal geschieden, alleinlebend, 2 Kinder

Beruf: Studium der Bildungs-, Politik-, Rechts- und Sportwissenschaften, Abschluss Staatsexamen für Lehrämter Primar- und Sekundarbereich I; Promotion zu bildungspolitischem Thema; Praxiserfahrung im Bereich Auswärtiger Kulturpolitik; 1981 Ruf zur Professorin im Bereich Kulturelle Bildung mit Schwerpunkten in Forschung und Lehre im Bildungs-, Gesundheits- und Sozialsystem auf Gebieten der Inklusion, Integration und Rehabilitation, Wahrnehmungs- und Kommunikationsforschung sowie Familien-, Fach- und Politikberatung an der Universität Siegen

Mutter geworden mit: 32 und 34 Jahren

Ihre Passion: Italien

Berufliche Leidenschaft: Auch gegen den Strom, auf zu neuen Ufern!

Auszeichnung: Honorary Conductor Award des Petö Instituts, Budapest

Buchpublikationen: (Auswahl)

Herausgeberin »Konduktive Förderung und Rehabilitation, Band 1–7«; »Einführung in das System Konduktiver Förderung und Rehabilitation. Konzept – Praxis – Perspektive« (zusammen mit Rochel, M.); »Medizinische Rehabilitation zerebralgeschädigter Kinder im Alter von 3 bis 7 Jahren durch Konduktive Förderung; Komplexes und interdisziplinäres Zusammenführen von Entwicklungs-, Lern- und Erziehungsprozessen«; »Zum Bildungsgesamtplan der Bund-Länder-Kommission«, Herausgeberin »Konduktive Förderung in Europa. Stand und Perspektiven«, Europäisches Symposium

Leitsatz: Alles, was Frauen machen, müssen sie doppelt so gut machen wie Männer. (Zum Glück ist das nicht schwer!)

Prof. Dr. Karin S. Weber

Bisogna rompere la noce, se si vuol mangiare il nocciolo.
Man muss die Nuss knacken, will man den Kern essen. (aus Italien)

Was war als Kind Ihr Traumberuf?

Als kleineres Kind fand ich den Beruf der Stewardess fantastisch. Vor allem wegen der Stöckelschuhe! Später wollte ich Illustratorin oder Malerin werden, aber keinesfalls musikalische Künstlerin, denn ich musste schon sehr früh Violine spielen.

Wissensdurst ist die flüssige Form von Bildungshunger. (Ambrose Bierce)

Welche Zutaten für Ihre Karriere wurden Ihnen in die Wiege gelegt, welche mussten Sie sich hart erarbeiten?

Von A bis Z wurde mir vieles in die Wiege gelegt: Achtsamkeit, Beharrlichkeit, Beobachtungsgabe, Courage, Durchhaltevermögen, Einfalls- und Ideenreichtum, Empathie, Fröhlichkeit, Gradlinigkeit, ganzheitliches Denken, Humor, Intelligenz, Kreativität, Liebesfähigkeit, Musikalität, wissenschaftliche Neugier, Offenheit, Querdenken, schauspielerisches Talent, soziales Engagement, Treue, Unternehmungslust, Verbindungen schaffen, Willensstärke und Zuverlässigkeit.

Erarbeiten musste ich mir: Ausdauer, Ausgeglichenheit, Bildung, Conduction, Denkrichtungen, Einsatzfreude, Feedback, Gelassenheit, Höhenflüge, Innovationsdenken, Jonglage, Konzentration, Lebensfreude, Mut, Nachhaltigkeit, Nein sagen können, Opferrolle ablegen, Pioniergeist, Quellen respektieren, Rollen ausfüllen, Selbstständigkeit, Tugenden hinterfragen, Unterordnung ablehnen, Vertrauen schenken, Wichtiges von Unwichtigem unterscheiden, Zeitmanagement, Zielstrebigkeit und zuhören können.

Die Schule musste ich mir allerdings hart erarbeiten: Der statische Rahmen, die Überzahl unterdurchschnittlicher Lehrer, organisatorische Zwänge, das war alles nicht »mein Ding«, und so brachte ich es auch lediglich auf eine mittelmäßige Schulkarriere. Ich war einfach nicht angepasst genug. Im Studium ging auf einmal

alles ganz leicht. Hier konnte ich mich mit meinen Interessen und Fähigkeiten entfalten und selbstständig handeln. Ende der 60er- und Anfang der 70er-Jahre konnte man noch auf diese Art studieren. Die Promotion war eine gute Charaktergymnastik, die Disziplin, ein gutes Zeitmanagement und ein hohes Maß an Willensstärke erforderte.

Und im Beruf lief eigentlich immer alles wie geschmiert: Nach nur einem Jahr als Dozentin an einer Fachschule erfolgte ein Ruf ins Auswärtige Amt nach Bonn als wissenschaftliche Mitarbeiterin im Büro der Staatsministerin. Dort befasste ich mich hauptsächlich mit Auswärtiger Kulturpolitik. Mit damals gerade 30 Jahren, ohne Parteibuch, eine »Glanz«-Leistung, die bis dato nur auf Zufall und persönlicher Ausstrahlung beruhen konnte. Zur damaligen Zeit war der Frauenanteil im Auswärtigen Amt im Höheren Dienst noch verschwindend klein.

Meine (schulischen) Lehrer staunten nicht schlecht, die akademischen fühlten sich bestätigt in ihrem Zutrauen zu meiner Person. Zwei Jahre härteste Arbeit mit 60 bis 80 Stundenwochen, vielen Dienstreisen und unzähligen Redekonzepten. Es war eine einmalige unvergessliche Arbeitsphase, die mich auch für meine folgende Tätigkeit im Hochschulbereich nachhaltig geprägt und souverän gemacht hat. Der Ruf auf eine Professur an eine Frau im Alter von 32 Jahren war Anfang der 80er-Jahre ein absolutes Novum.

Ein leerer Magen ist ein schlechter Ratgeber. (Albert Einstein)

Wie wurde daraus Ihr persönliches Erfolgsrezept?

Selbstvertrauen, Mut, fachliche Kompetenz zusammen mit emotionaler Intelligenz und einer positives Vertrauen erweckenden Ausstrahlung sowie kompromissloses Engagement für die eigenen Überzeugungen. Dies könnte die Prise Salz sowohl in innovativen Forschungsprojekten einerseits und Rollen in Gremien (Senatorin, Dekanin, Vorsitzende in Berufungskommissionen, Mitglied in vielerlei anderen Kommissionen) andererseits gewesen sein.

Welche Rückschläge gab es in Ihrem Leben und wie haben Sie diese gemeistert?

Das Zerbrechen persönlicher Liebesbeziehungen, in beiden Fällen meine Ehen von 9- bzw. von 18-jähriger Dauer aus jeweils ganz unterschiedlichen Gründen. Zur Überwindung haben vor allem meine beiden Kinder, meine beruflichen Tätigkeiten sowie Freunde beigetragen. Ich selbst habe vielerlei Aspekte der persönlichen Rückschläge reflektiert und immer nach vorn geschaut, mir selbst vertraut und mir vor Augen gehalten, dass es vielen Menschen schon grundsätzlich viel, viel schlechter geht. Eine mehrjährige Beziehung, die auf meine gescheiterten Ehen folgte, war eine ganz große Liebe, ging allerdings durch den Tod des Partners jäh zu Ende. Sie hat aber alle Enttäuschungen und Rückschläge früherer Jahre endgültig kompensiert und alle Wunden geheilt. Auch im Berufsleben gab es Rückschläge: Nachdem es im universitären Bereich immer nur aufwärts gegangen war, wurde ich zur Kandidatur als Rektorin ermuntert, bis dahin eine noch nicht da gewesene Tatsache. In der Zeit zwischen den Entscheidungsgremien Senat und Konvent wurde von meinem Gegenkandidaten und mir in allen damals zwölf Fachbereichen ein Wahlkampf geführt. Bei der ersten Entscheidung – im Senat – erhielt ich eine 2/3-Mehrheit der Stimmberechtigten. Dieses Ergebnis schien einige nervös zu machen. Es begann eine üble Mobbing-Kampagne, die beispiellos war. Im damaligen zweiten und letzten Entscheidungsgremium, dem Konvent, bekam mein Gegenkandidat zwei Stimmen mehr als ich. Als Demokratin habe ich das akzeptiert, als Mensch fühlte ich mich durch unrichtige Bosheiten tief verletzt. Das diffamierende Treiben wurde jedoch aufgedeckt und der Initiator des Mobbings erhielt die Quittung.

Manche Menschen richten ihr Leben so ein, dass sie von Vorspeisen und Beilagen leben. Das Hauptgericht lernen sie nie kennen. (José Ortega y Gasset)

Wie lautet Ihr Erfolgsrezept für eine glückliche Beziehung?

Eine glückliche Beziehung bedeutet Glück und Arbeit zugleich: Liebe, Freundschaft, gekoppelt mit ähnlichem Bildungsstand, gemeinsamen Interessen, Seelenverwandtschaft, Toleranz, Respekt vor Wünschen und Bedürfnissen des anderen, Kompromissbereitschaft, aber auch Möglichkeiten des Rückzugs oder der Distanz. Am besten den Partner so akzeptieren und respektieren, wie er ist. Und umgekehrt dasselbe. Ein »Erfolgsrezept« gibt es leider nicht. Eine Einbahnstraße, das heißt, der Wille nur eines Partners, eine erfolgreiche Beziehung zu führen, ist zu wenig. Vielleicht erklärt sich dadurch die hohe Trennungs- bzw. Scheidungsquote. Das Leben besteht aus Höhen und Tiefen, eine Beziehung auch, es gibt Phasen von Veränderungen, die verarbeitet werden und an die sich beide Partner selbst gewollt adaptieren müssen.

Du musst nicht nur mit dem Munde, sondern auch mit dem Kopfe essen.

(Friedrich Nietzsche)

Welche Werte leben und vermitteln Sie?

Mehr Sein als Schein – nicht umgekehrt! Bescheidenheit und Demut dem Leben gegenüber, Dankbarkeit, gesund zu sein, vor allem Schwächeren helfen und nicht müde werden, die eigenen Werte authentisch zu leben und vorbildlich zu vermitteln. Worauf ich verzichten kann? Egoismus, Machtstreben, hierarchische Strukturen in Familien, Rollenklischees, jegliche Formen autoritären Gebarens.

Karin S. Weber

Geschenkter Essig ist süßer als Honig. (aus Italien)

Warum war in ihrem persönlichen Lebensrezept eine Karriere ohne Kinder nicht denkbar?

Ein Leben ohne Kinder war für mich denkbar, allerdings nur deshalb, weil es mit meinem grundsätzlichen Kinderwunsch in der ersten Ehe nicht klappen wollte. Deshalb habe ich mich damals überhaupt beruflich weiterqualifiziert und promoviert. Zu meiner Überraschung klappte es dann in der zweiten Ehe auf Anhieb doch.

Ein Vielfraß wird nicht geboren, sondern erzogen. (Redensart)

Wie lautet das Grundrezept für die Erziehung ihrer Kinder?

Eine gesunde Mischung aus Liebe, Vertrauen, Zutrauen, Ermutigung, Rat und Trost geben, dort, wo es nötig ist. Insbesondere bei jüngeren Kindern ist es wichtig, Mut zu haben, auch Grenzen zu setzen, dort, wo es angebracht erscheint, und nicht aus Bequemlichkeit nachzugeben, nur weil es Auseinandersetzungen erspart oder einfacher ist.

Kochen erfordert eine gewisse Konzentration, eine gewisse Liebe, eine zärtliche Aufmerksamkeit. (Norman Mailer)

Leben Sie ein modernes Familienmanagement?

Früher habe ich klassische Modelle gelebt (Vater, Mutter, Kind), eben in dieser Reihenfolge. Heute würde ich mir als Frau typische Rollenklischees nicht mehr aufoktroyieren lassen und partnerschaftliche Lebensweisen anstreben und durchsetzen. Mit meinen erwachsenen Kindern funktioniert partnerschaftliches Zusammenleben sehr gut, sowohl mit mir als auch mit ihren eigenen Beziehungen.

Geht das Rezept Karriere und Kinder aus Ihrer Sicht als Mutter in Deutschland auf oder fehlen wesentliche Zutaten, die Politik und Gesellschaft noch beisteuern müssten?

Das Konzept geht meines Erachtens nicht auf. Es fehlen entscheidend notwendige Zutaten. Für mich ging es glücklicherweise gut, weil ich in einer gewissen privilegierten Familiensituation gelebt habe und die Zutaten besorgen konnte. In Deutschland fehlt es meines Erachtens an einer Menge Zutaten, die das ermöglichen. Zum Beispiel an einer qualifizierten, flächendeckenden Unterbringung und Ersatzversorgung, insbesondere von Kleinst- und Kleinkindern, in der Zeit, in der man selber nicht zur Verfügung steht.

Das fängt damit an, dass Krippenplätze zwar zur Verfügung stehen, jedoch für viele kaum erschwinglich sind.

Die Universität Siegen, an der ich forsche und lehre, kann durchaus als gutes Beispiel herangezogen werden: Sie wurde als »familienfreundliche« Hochschule ausgezeichnet. Und zwar deshalb, weil sowohl Tagesplätze für Kleinst- und Kleinkinder vom Studentenwerk Siegen als auch ein Modell »FLEXI« angeboten werden; dort können Kinder von Lehrenden und Studierenden (!!!) für Stunden, mit einem erschwinglichen Stundentarif, versorgt und pädagogisch gefördert werden.

Wie sieht Ihr Work-Life-Balance-Rezept aus?

Es ist wichtig, die Balance zu finden zwischen beruflichem Engagement in konzentrierter Form (Forschung und Lehre, Gremienarbeit und Verwaltung) und Erholung pur. Ich schlafe gerne aus, genieße mit dem Hund die Natur, treffe Familie und Freunde, treibe Sport und last but not least: Ich liebe ein gutes Essen, am besten in Gesellschaft.

Aiutati che il ciel t'aiuta. – Hilf dir selbst, dann hilft dir Gott. (aus Italien)

Was bedeutet Spiritualität für Sie, und wie integrieren Sie Spiritualität oder Glauben in ihren Alltag?

Ich lebe nach den christlichen Werten und versuche sie in meinen Alltag zu integrieren. Zum Beispiel habe ich mit meinen Kindern abends gebetet.

Auch heute engagiere ich mich in und für unterschiedliche Wohltätigkeitsvereinigungen, nicht einfach durch Geldzuwendungen, sondern durch Rat und Tat, die ich ehrenamtlich einbringe. Heißt es nicht »Liebe deinen Nächsten wie dich selbst?«

Kochen ist eine Kunst und keineswegs die Unbedeutendste.

(Luciano Pavarotti)

Welchen Stellenwert hat Kochen für Sie?

Kochen und Backen heißt vorüberlegen, organisieren, einkaufen, zubereiten und am besten gemeinsam mit anderen genießen: Das gehört zu den fundamentalsten, aber auch schönsten Dingen des Lebens. Ich hatte als junges Mädchen, gleich nach der Schule, Gelegenheit, eine (kurze) hauswirtschaftliche Ausbildung zu machen. Kochen, Backen, Waschen, Bügeln, Nähen, Stopfen. Ein gutes Fundament, um einen späteren Haushalt zu managen.

Was das Kochen betrifft, reicht Hausmannskost heutzutage nicht mehr immer aus. Mit allergrößter Freude habe ich an einem Kochkurs bei Lea Linster in Luxemburg teilgenommen. Sie kocht »einfach und genial« (mit Stern!) und ist eine sehr sympathische und authentische Person. Mit anderen Worten: Das verdeutlicht, dass Ko-

216

chen einen hohen Stellenwert für mich hat, auch wenn ich selbst nicht tagtäglich kochen muss oder kann. Aber wenn ich koche, dann mit Leib und Seele!

Allein zu essen ist für einen philosophierenden Gelehrten ungesund.

(Immanuel Kant)

Gehört gemeinsame Esskultur in Ihren Alltag?

Ja unbedingt! Im Beruf mittags regelmäßiges Essen mit Kolleginnen oder Mitarbeiterinnen.

In der Freizeit ebenfalls: nach Möglichkeit mit meinen erwachsenen »Kids« essen oder mit guttuenden Menschen aus meinem großen Freundes- und Bekanntenkreis.

Mein Erfolgsrezept

Mein Lieblings-Erfolgsrezept, das ich schon mehrfach bei privaten Abendessen in meinem Hause kreiert habe, ist Lammrücken im Kartoffelmantel, das ich bei Lea Linster gelernt und lieben gelernt habe. Es ist bei meinen Gästen immer auf große Begeisterung gestoßen.

Lammrücken

Zutaten für 6 Personen:

1,2 kg ausgelöster Lammrücken, ohne Fett und Knochen

1,5 kg Kartoffeln festkochend

5 EL Erdnussöl

Salz und Pfeffer

100 g Semmelbrösel

2 Bund glatte Petersilie

1/2 l Lamm- oder Kalbsfond

1 Zweig Rosmarin

75 g Butter

Zubereitung:

Fleisch von Sehnen und Fett befreien. Kartoffeln schälen, grob reiben und in drei Portionen teilen.

Öl in Eisen- oder beschichteter Pfanne erhitzen, darin 3 Kartoffelpuffer von ca. 26 cm Durchmesser nur von einer Seite backen und mit dieser gebratenen Seite auf ein Küchentuch legen.

Fleisch in 3 Portionen teilen, Salz und Pfeffer aus der Mühle darübergeben und in Semmelbröseln wenden. Petersilie fein hacken und über die nicht gebackene Seite der Kartoffelpuffer streuen. Die 3 Filets auf die 3 Kartoffelpuffer legen und mit Hilfe des Küchentuchs einrollen.

Die 3 Braten auf dem Rost, Fettpfanne darunter, bei 250 Grad im vorgeheizten Backofen ca. 15 Minuten backen, für medium rare weniger.

In der Zwischenzeit Fond mit Rosmarinzweig in einem Topf bei großer Hitze auf die Hälfte einkochen. Rosmarin entfernen, eiskalte Butterflöckchen unterrühren und mit Salz und Pfeffer aus der Mühle abschmecken.

Zum Anrichten die Lammrücken in ca. 3 cm dicke Scheiben teilen, auf vorgewärmte Teller legen und Soße dazugeben.

Als Dekoration eignen sich karamellisierte Karotten, feine Böhnchen oder buntes feines Gemüse.

Geboren am: 1. Februar 1961

Lebt am: Tegernsee

Familienstand: geschieden, in Partnerschaft lebend, 1 Sohn

Beruf: Studium der Betriebswirtschaftslehre und Werbung, danach 5 Jahre in der Unternehmensberatung und Werbung tätig, heute Designerin; 1992 wurde die »Tamara Comolli Fine Jewelry Collection GmbH & Co. KG« gegründet; 2008 Eröffnung des Flagship-Stores in den USA (Hamptons, New York); Eröffnung der ersten europäischen Boutique am Tegernsee 2009; Eröffnung der zweiten Boutique auf Sylt 2011

Mutter geworden mit: 42 Jahren

Ihre Passion: In die Ferne schauen, an nichts denken müssen, einfach die Seele baumeln lassen. Ich liebe es, auf das Meer zu schauen und den Wind, die Sonne, das Glitzern des Wassers förmlich zu fühlen.

Berufliche Leidenschaft: Edelsteine! Ich kann bei neuen Steinlieferungen wirklich stundenlang die Edelsteine ansehen, prüfen, drehen und wenden, das Licht ein- und ausschalten, mit ihnen vor die Tür gehen, damit ich sie auch wirklich in allen Lichtverhältnissen sehe. Ich liebe Edelsteine. Es ist fast schon ruinös, weil ich diese dann erwerbe und wie eine Glucke darauf sitze und ganz besondere nicht einmal verkaufen möchte!

Auszeichnungen: De Beers DTC Finalist 2000; De Beers DTC Gewinner 2004. Tamara Comolli wird auf Platz 6 der exklusivsten Marken in der Kategorie »Trendsetter« 2011 gewählt. (Studie im Focus)

Publikation: seit fast 20 Jahren THE BOOK, ein Sammlerstück für Kunden

Leitsatz: Du musst nur am Ufer des Ganges sitzen und warten, bis die Leiche deines Feindes vorbeischwimmt.

Tamara Comolli

Was war als Kind Ihr Traumberuf?

Als kleines Mädchen wollte ich Malerin werden. Deshalb habe ich mir schon als Achtjährige Arbeitsbücher für Malerei und Zeichnen schenken lassen. Heute nutze ich diese Fähigkeiten für meine visuelle Vorstellungskraft in der Kreation. Im Alter von 17 Jahren wollte ich bereits Schmuck entwerfen. Angefangen hat es damit, dass meine Schwester und ich von unserer Mutter Schmuck geschenkt bekamen, den sie für uns umarbeiten ließ. Durch ihr besonderes Geschenk wurde meine Leidenschaft für Edelsteine entfacht. Damals designte ich Silberarmbänder mit Steinen und Leder und versuchte sie zu verkaufen. Mein Vater empfand meine Designs als »unnötigen Tingelkram« und war nicht gewillt, mich zu unterstützen. Also machte ich meine Leidenschaft erst einmal zum Hobby und studierte stattdessen BWL. Medizin wäre meine erste Wahl gewesen, aber dafür reichte mein Numerus clausus nicht. Deshalb verlief mein Studium eher planlos. Es dauerte dementsprechend überdurchschnittlich lange, zumal ich auch nicht wusste, was ich danach beruflich machen wollte. Durch Zufall landete ich nach meinem Abschluss in einer Unternehmensberatung und verbrachte dort vier eher unglückliche Jahre. Ich spielte einfach eine Rolle und ärgerte mich täglich, dass ich nichts designen konnte. Also habe ich mich dann doch meinem Traum hingegeben und begann, Schmuck zu entwerfen. Meinem Vater bin ich heute dafür dankbar, dass er damals nicht nachgegeben hat, denn mein betriebswirtschaftlicher Hintergrund war sicher ein wesentlicher Baustein dafür, dass ich die Marke Tamara Comolli entwickeln konnte.

Welche Zutaten für Ihre Karriere wurden Ihnen in die Wiege gelegt, welche mussten Sie sich hart erarbeiten?

Von meiner Mutter bekam ich den Sinn für Ästhetik und Schönheit, aber auch für Ordnung mit. Die Diplomatie erlernte ich durch den Umgang mit weiteren drei Geschwistern; hier musste ich mich ständig arrangieren und auch durchsetzen. Ich bin Wassermann, ständig auf der Suche und sehr neugierig. Ich kann einfach nicht abwarten, deshalb musste ich mir das Geduldigsein hart erarbeiten. Seit der Geburt meines Kindes bin ich geduldiger geworden. Heute hilft mir diese Eigenschaft sehr, ob im Umgang mit meinen Kunden oder beim Verkauf meiner Schmuckstücke. Den Erfolg, den mein Unternehmen heute hat, musste ich mir mit sehr viel Arbeitseinsatz erarbeiten. Jahrelang gab es kein Wochenende ohne Arbeit. Mir wurde zusätzlich aber noch etwas in die Wiege gelegt, das letztendlich auch den Erfolg meiner Marke begründet; es ist der Sinn für Luxus. Mein Vater besaß Spielcasinos, und bereits in meiner Kindheit wurde ich mit diesem glamourösen Treiben, den vielen gesellschaftlich relevanten Menschen, ihrem Schmuck, ihren rauschenden Abendkleidern konfrontiert. Wir sind viel gereist, mich international zu bewegen war kein Thema. Ich ging in Gibraltar und Frankreich zur Schule, ich träumte in Englisch und Französisch, Sprachen waren für mich selbstverständlich und nie eine Barriere. Ich lernte sehr früh, mich selbstbewusst im Umfeld von Luxus zu bewegen. Heute mag ich das nicht mehr, und ich suche eher Abstand und Ruhe, weil mir das die nötige Wertschätzung für Dinge gibt. Der Rummel während meiner Jugend ist der totale Gegensatz zu dem, was ich heute brauche.

Nach meiner Tätigkeit in der Unternehmensberatung heiratete ich einen Amerikaner, den ich im Urlaub kennengelernt hatte. Wir verbrachten viel Zeit miteinander und planten, in die USA zu ziehen. Zu der Zeit spielte ich bereits mit dem Gedanken, meine wenigen selbst entworfenen Schmuckstücke öffentlich zu präsentieren. Mein Mann bestärkte mich darin, meine Geschäftsidee professionell anzugehen, und half, meine ersten Broschüren ins Englische zu übersetzen. In einer kleinen Vitrine stellte ich dann auch erstmals in New York auf einer Messe meinen Schmuck vor. Und dann begann es … Man bekommt einen Kunden, dann zwei, und dann ging es so weiter. Ohne Kevin, meinen damaligen Mann, hätte ich das finanziell nicht durchhalten können. Ich wollte unbedingt, dass meine Designs eine Marke werden. Das war von Amerika aus einfacher, die Menschen dort sind sehr viel offener für Neues.

Alle lieben das Schöne. Wenige leisten es sich. (Georges B. Clemenceau)

Wie wurde daraus Ihr persönliches Erfolgsrezept?

Ich hatte einen Traum: mit meinem hochwertigen Schmuck einen Begriff für Qualität zu schaffen. Ich habe immer daran festgehalten und bin auf meinem Weg wenige Kompromisse eingegangen. Man sagte mir oft, ich könne doch preisgünstiger produzieren, mich nach Fernost orientieren, aber ich war und bin ein Qualitätsfanatiker, ein Snob, auch was meine Ethik betrifft. So oder gar nicht, und ich konnte warten. Es machte mich schon damals unheimlich stolz, wenn eine tolle Frau in meinem Schmuck das Besondere, meine Handschrift und diese Wertigkeit erkannte. Ich verarbeite alles rundherum perfekt, ein Ring hat bei mir nicht selten von beiden Seiten eine Überraschung. Wertigkeit ist für mich immer langlebig; ich wollte nicht jedes Jahr etwas ganz Neues auf den Markt bringen, sondern aus dem Geschaffenen etwas Bleibendes schaffen. Da kam mir die Idee mit den »Color Storys«, das sind Farbwelten aus Edelsteinen. Einen Anstoß dazu gab eine meiner Kundinnen, zum Beispiel für das Rainforest-Armband: Grün war einfach nicht die Farbe, die ihr stand, und sie fragte nach dem gleichen Modell in blau, und so entwickelte ich Caribbean, Indian Summer und heute Cashmere. Mittlerweile präsentiere ich 35 Farbthemen, sodass ein Mikado-Armband ein Klassiker wurde, der sehr viele Kundinnen ansprach. Fast schon ein Statussymbol, aber immer anders komponiert, individuell verschieden, wie eben die Frau, die es trägt. Dazu habe ich das Gefühl für Stil und Geschmack der jeweiligen Kundin, das war und ist sehr wichtig, denn ich fand es nie gut, wenn auf einem Event drei Damen das gleiche Bulgari-Collier trugen. Meine Kundinnen blieben mir treu und bauten so mit mir gemeinsam die Kollektion auf. Ich wuchs also an und mit meinen Kunden und damit wuchs auch mein Tätigkeitsbereich, sodass ich irgendwann auch mein erstes Geschäft eröffnen konnte.

Mein Rezept ist die Nachhaltigkeit im Umgang mit den Designs und mit den Kunden, die sich auch noch nach Jahren freuen, das gleiche Armband zu tragen, diesmal zum Beispiel mit einem neuen Ring kombiniert.

Hoffnung ist ein gutes Frühstück, aber ein schlechtes Abendbrot.

(Francis Bacon)

Welche Rückschläge gab es in Ihrem Leben und wie haben Sie diese gemeistert?

2005 starben sowohl mein Vater als auch meine Mutter. Zwar nicht gleichzeitig, aber krankheitsbedingt innerhalb von sechs Monaten. Es war ein schreckliches Jahr, und ich war bei der Arbeit wie paralysiert. Mein Sohn war damals zwei Jahre alt, und ich konnte nur wenig schlafen. Meine Arbeit erledigte ich wie ein Roboter, und es hat fast ein Jahr gebraucht, bis ich meinen Spirit wiederfand.

Alle Speise köstlich schmeckt, wenn den Tisch die Liebe deckt.
(Felix Dahn)

Wie lautet Ihr Erfolgsrezept für eine glückliche Beziehung?

Ich wünschte, ich wüsste das ... Meine beiden Männer, mein Sohn und sein Vater, haben identische Verhaltensmuster und ich habe gelernt, dass mich Nörgeln nicht weiterbringt. Bei ihnen muss ich die Dinge eher diplomatisch durchsetzen. Ein paar Streicheleinheiten dazu und plötzlich geht's.

Falsche Gewürze tun ebenso weh wie falsche Töne.
(Antonio Gioacchino Rossini)

Welche Werte leben und vermitteln Sie?

Immer authentisch sein und sich nicht verstellen, das finde ich für den eigenen und äußerlichen Erfolg ganz wichtig. Ehrlich sein, auch wenn es mal wehtut.

In meinem ersten Job als Unternehmensberaterin hatte ich eines Tages mit meinen unerfahrenen 29 Jahren, im Kostüm gekleidet, altklug und wie ein »fake« meiner selbst, eine Präsentation für den Vorstand. Ich spielte eine Rolle, sollte gute Ratschläge geben, hatte aber bislang selbst im Leben nichts aufgebaut. In dem Moment, als ich so vor den Vorstand trat, beschloss ich, diese Rolle nicht mehr zu spielen, sondern etwas Echtes für mich aufzubauen. Ich will damit sagen: Egal was man tut, man soll sich in seiner Rolle wohlfühlen. Das geht nur, wenn man dahintersteht, seine Rolle wirklich lebt und diese nicht einstudiert ist.

Das Dessert, das dem Feinschmecker vorgesetzt wird, wenn sein Hunger gestillt ist, muss spektakulär sein. (Grimod de La Reynière)

Warum war in ihrem persönlichen Lebensrezept eine Karriere ohne Kinder nicht denkbar?

Man sollte etwas Bleibendes hinterlassen, etwas, das sinnvoll ist, und was macht mehr Sinn als Kinder? Wie bleibt sonst ein Stück von dir da und lebt weiter? Kinder bedeuten Verzicht und bringen auch Dinge mit sich, die nicht immer nur angenehm sind, aber menschlich bringen sie einen so viel weiter. Das weiß man aber erst hinterher. Daher kann man das Rezept auch erst im Nachhinein erläutern. Ich selbst hatte kein Lebensrezept, das klingt ja so, als wüsste man schon im Vorhinein, wie es geht. Es kam immer anders, als ich dachte. Mit 41 Jahren war plötzlich diese Leere da, und ich wusste, es fehlt etwas. Ich wünschte mir ein Kind, und das klappte glücklicherweise auch sofort.

Man soll Fische nicht mit Erdbeeren und Schlagsahne ködern, bloß weil man selbst gerne Erdbeeren mit Schlagsahne isst. (Andrew Carnegie)

Wie lautet das Grundrezept für die Erziehung ihrer Kinder?

Ich versuche, meinem Sohn immer zu vermitteln, dass es nicht alle Kinder so gut haben wie er, dass Rücksicht und Verständnis sehr wichtig sind. Er versteht sehr genau, dass das Leben, so, wie wir es führen können, nur ermöglicht wird, weil seine Eltern sehr viel arbeiten. Er ist jetzt acht Jahre alt und merkt, dass ich durch meine Arbeit manchmal weniger Zeit mit ihm verbringen kann. So lernt er aber auch, dass alles seinen Preis hat.

Wenn ein Mann gut kocht, gewinnt er ein Ansehen
als Lebenskünstler; wenn eine Frau gut kocht,
festigt sie ihren Ruf als Hausfrau. (Johannes Gross)

Leben Sie ein modernes Familienmanagement?

Mein Familienmodell ist altmodisch: Ich organisiere die Hausarbeit unter der Woche und auch am Wochenende, wenn ich eigentlich mal chillen möchte. Ich bin eine moderne, arbeitende, erfolgreiche Frau und Mutter, gleichzeitig aber auch noch Köchin und Putzfrau. Mir scheint, ich habe das große Los gezogen. ☺

Und immer wenn ich den Tisch abräume, sitzen meine beiden Männer schon am iPad ...

Die Suppe, die ein andrer kocht, muss dennoch gegessen werden.

(Wilhelm Busch)

Geht das Rezept Karriere und Kinder aus Ihrer Sicht als Mutter in Deutschland auf oder fehlen wesentliche Zutaten, die Politik und Gesellschaft noch beisteuern müssten?

Nein, das Rezept geht nicht auf. Deutschland hilft einer arbeitenden Mutter nicht. Ich habe selbst Mitarbeiterinnen, die in Mutterschutz sind, jedoch hadern, in ihren Job zurückzukehren, weil eine entsprechende Vertretung zu Hause für sie unrentabel ist. Das Geld, was man verdient, wird dafür annähernd aufgebraucht. Wenn ich sehe, was mich in meiner Abwesenheit das Funktionieren des Haushalts, die gesamte Organisation rund um Kind und Schule kosten, kann man in diesem Punkt Kinderlose oft beneiden. Die Gesellschaft versteht das Problem, aber die Lösungen in der Politik, vor allem in der Finanzpolitik, sind nicht da. Ich kann rund 500 Euro Kinderbetreuung im Monat absetzen, aber das reicht doch bei Weitem nicht. Neben der reinen Betreuung, auch bei den Hausaufgaben, muss jemand zu Hause sein, einkaufen, kochen, waschen, das alles kostet Geld. Auch Vereine müssen bezahlt werden.

Aus meiner tiefsten Seele zieht mit Nasenflügelbeben – ein ungeheurer
Appetit nach Frühstück und nach Leben. (Joachim Ringelnatz)

Wie sieht Ihr Work-Life-Balance-Rezept aus?

Arbeit ist bei mir immer 100 Prozent und Freizeit 150 Prozent; ich brauche unge-
plante Freizeit, um sie wirklich genießen zu können und das Gefühl zu haben, dass
ich lebe. Bei der Arbeit bin ich durchgetaktet und fremdgesteuert, im Gegenzug
muss ich in der Freizeit wirklich Zeit haben und frei sein. Das gibt mir dann die 50
Prozent Extra-Lebensgefühl. Was ich dann mache? Mich treiben lassen und spontan das tun, wonach mir gerade der Sinn steht. Bei schlechtem Wetter bekomme
ich oft einen Putzanfall und renne mit Sagrotan und Essigreiniger im Haus herum.
Oder ich miste aus, das befreit mich unheimlich, und ich fühle mich danach wunderbar. Wenn es draußen schön ist, lese ich gerne und schaue mir in der Sonne
eine Zeitschrift an. Shoppen gehen hasse ich, denn da muss ich unter Menschen;
tendenziell bin ich nämlich eher schüchtern und kein Small-Talker. Deshalb sieht
man mich auch eher selten auf Veranstaltungen. Leider muss ich ab und an für
den Saison-Look Klamotten kaufen gehen, und das erfolgt dann so: Ich renne in
den Shop, greife zielsicher nach den Dingen, von denen ich meine, dass sie zu mir
passen. Ich nehme eine Auswahl mit nach Hause, probiere sie an, und das war's
dann. Das geschieht zweimal im Jahr, im Frühjahr und im Herbst.

Geschichten sind Speisen für das Ohr. (aus Afrika)

Was bedeutet Spiritualität für Sie und wie integrieren Sie Spiritualität oder Glauben in ihren Alltag?

Ich lebe keine Religion, aber Werte wie Teilenkönnen, Bescheidenheit und Fair-
ness sind mir wichtig. Meinem Sohn vermittele ich diese Werte, für die er sehr
sensibilisiert ist. Spiritualität erfahren wir durch Geschichten, seien sie biblisch
angehaucht oder auch durch Science-Fiction-Filme. Für Kinder sind mystische

Geschichten besonders spannend. Obwohl wir keine Kirchgänger sind, nimmt mein Sohn Tim am evangelischen Religionsunterricht teil.

Wenn alle Künste untergeh'n, die edle Kochkunst bleibt besteh'n.
(Daniel Spoerri)

Welchen Stellenwert hat Kochen für Sie?

Ich koche sehr gerne, es ist meditativ für mich, und ich genieße es. Leider habe ich zu wenige Gelegenheiten, aber ich experimentiere viel und besitze umso mehr Kochbücher.

Für ein gutes Tischgespräch
kommt es nicht so sehr darauf an,
was sich auf dem Tisch,
sondern was sich auf den Stühlen befindet.
(Walter Matthau)

Gehört gemeinsame Esskultur in Ihren Alltag?

Ja unbedingt! Das gemeinsame Sitzen am Tisch ist Familie pur. Man tauscht sich aus, es ist eine Institution. Ich lege nicht nur Wert auf Tischmanieren, sondern auch darauf, dass die Butter in der Butterschale ist und die frischen Brötchen im Brotkorb liegen.

Alles mit Liebe machen! Details spielen bei mir eine große Rolle. Der Satz, der für mich geschäftlich gilt, findet sich auch in meinem Privatleben wieder: »retail is detail«, kein Husch-Husch; Ordnung muss sein. Ich bin penibel.

Mein Lieblingsrezept

Scampitopf mit Chili-Knoblauch (Scampi Piri Piri à la Tamara Comolli)
Dauer der Zubereitung etwa 30 Minuten.
Möglichst am nächsten Tag keine Meetings. Tisch decken mit kleinen Tellern, am
besten leicht erhöht und diese vorher warm stellen.

Scampi Piri Piri

Eine große ofenfeste Kasserolle, Ofen auf 180 Grad vorheizen (Umluft). Ofenhandschuhe.

Frisches Baguettebrot! Ausreichend.

4 große Hände voll (je nach Hunger) gesäuberte, eingefrorene oder frische Scampi mit Schwänzchen dran. Nach Belieben in der Größe, ich nehme immer mittelgroße, weil die gut im Topf schwimmen und ausreichend Platz haben.

4 Tassen Olivenöl

5 rote und 2 grüne Chilischoten, die kleinen scharfen, wenn sehr scharf gewünscht, dann entsprechend mehr.

5-8 Knoblauchzehen je nach Größe.

Etwa 2 cm Ingwer

1 ganze Zitrone, groß

Los geht's:

Alle Gewürze, Chili und Ingwer in einem Zerkleinerer mini hacken oder mini schneiden. Sodass die Stückchen noch sichtbar sind, keinen Brei herstellen. Zitronen pressen und bereitstellen.

Scampi auftauen bzw. waschen und trocknen. Mit Meersalz nicht zu salzig würzen. Man kann später immer nachwürzen.

Das Öl in die Kasserolle geben und in den auf 180 Grad vorgeheizten Ofen (auf Umluft) auf die mittlere Höhe stellen, bis es ganz heiß ist, das dauert etwa 5 Minuten.

Alle gehackten Zutaten kurz in das brutzelnde Öl, etwa 1–2 Minuten, die Chilis dürfen auf keinen Fall schwarz werden! Dann Kasserolle kurz rausnehmen und die Scampi oben draufgeben. Mischen.

Wieder in den Ofen für etwa 7–10 Minuten, nach etwa 5 Minuten Oberhitze Grill einschalten und mit Zitronensaft ablöschen. Man kann auch noch einen Schuss trockenen Weißwein dazugeben.

la Tamara Comolli

Zum Schluss noch 2 Minuten die Teller in den abgestellten Ofen stellen und dann mit Handschuhen servieren, Baguette nicht vorschneiden, es wird trocken: Jeder soll abbrechen und in die leckere Soße tunken. Die Scampi mit Messer und Gabel servieren; dazu ein guter Weißwein! Danach gibt es frische Erdbeeren mit Zucker! Und nicht vergessen, sich nachts eine Flasche Wasser neben das Bett zu stellen.

Geboren am: 25. Januar 1967 in Duisburg

Lebt in: Baerl

Familienstand: 1-mal geschieden und seit 5 Jahren überglücklich verheiratet, 2 Söhne

Beruf: Ausbildung zur Speditionskauffrau, professionelle Reitkarriere bis 2007, heute Nachwuchsförderung von Reitern im Rheinland und Westfalen

Mutter geworden mit: 37 und 40 Jahren

Ihre Passion: meine Kinder und meinen Mann auf den richtigen Weg bringen

Berufliche Leidenschaft: meine Reitschüler durch unkonventionelle Methoden wie Geduld, Verständnis, Harmonie und Disziplin zum Erfolg bringen

Sportliche Erfolge: Olympische Spiele Seoul/Korea Einzelgold, Mannschaftsgold 1988; Olympische Spiele Barcelona/Spanien Einzelgold, Mannschaftsgold 1992; Weltmeisterschaften: Goldmedaille Mannschaft: 1990, 1994; Goldmedaille Einzel-wettbewerb: 1990; Silbermedaille Einzelwettbewerb: 1994; Europameisterschaften: Goldmedaille Mannschaft: 1989, 1991, 1995; Goldmedaille Einzelwettbewerb: 1989 und Silbermedaille 1991; Deutsche Meisterschaften: Goldmedaille 1988, 1989, 1993; Silbermedaille 1994, 1995; Bronzemedaille 1996; Europameisterschaften der Jungen Reiter: Goldmedaille Mannschaft: 1987; Goldmedaille Einzelwettbewerb: 1987

Auszeichnung: Weltbeste Dressurreiterin 1988; Pferdefrau 1989; Goldener Ring des ALVR 1989; FN-Ehrenzeichen in Gold mit Lorbeer und Brillanten 1990; Sporteins 1992; Sportbambi 1992; Verdienstorden des Landes NRW 1997; Silbernes Lorbeer-blatt 1988

Buchpublikationen: »Traumkarriere im Sattel«, 1992; »Rund ums Pferd mit Nicole Uphoff«, 1993

Leitsatz: Geht nicht – gibt's nicht.

Nicole Uphoff-Selke

*Mütter sind die wunderbaren Menschen,
die morgens noch vor dem Geruch von Kaffee
aufstehen können.* (Redensart)

Was war als Kind Ihr Traumberuf?

Ich wäre gerne Tierärztin geworden, durch die Reiterei blieb aber für ein Studium keine Zeit. Aus heutiger Sicht bin ich darüber nicht unglücklich, denn ich habe von Beginn bis zum Ende meiner Karriere einfach saumäßig viel Glück gehabt.

Die Schule habe ich ehrlich gesagt gehasst. Jedes Jahr gab es einen blauen Brief, weil auch für die Schule zu wenig Zeit übrig blieb. Meinen Eltern war zum Glück nur wichtig, dass ich meinen Abschluss schaffe. Meine Mutter sagte später immer: »Du hast das Abi auf dem Strohballen gemacht.«

Mein Abiturzeugnis habe ich noch nicht einmal persönlich abgeholt. Ich bin raus aus der Schule, und das war's für mich! Eine abgeschlossene Ausbildung war mir allerdings wichtig, und ich ging dazu in den Betrieb meines Vaters. Daraus ergaben sich allerdings keinerlei Privilegien, bis auf die Tatsache, dass ich abends eine halbe Stunde eher gehen durfte, da ich noch drei Pferde reiten musste.

Noch während meiner Ausbildungszeit habe ich 1988 mit meinem Pferd Rembrandt an den Olympischen Spielen in Seoul teilgenommen. Den fehlenden Ausbildungsstoff musste ich nachholen, aber die Prüfung zur Speditionskauffrau habe ich dennoch auf Anhieb bestanden.

Welche Zutaten für Ihre Karriere wurden Ihnen in die Wiege gelegt, welche mussten Sie sich hart erarbeiten?

Mir wurde das Talent fürs Reiten und das Faible für Pferde in die Wiege gelegt. Schon als kleines Kind hatte ich im Haus einen Stall voller Barbie-Pferde und im Garten selbst gemachte Steckenpferde, mit denen ich Dressur und Springen übte. Ich glaube, darüber hinaus wurde mir aber noch etwas ganz Besonderes in die Wiege gelegt: ein Glücksstern, der mich bis heute begleitet.

Angefangen hat alles, als ich neun Jahre alt war und ich auf einem Schulpferd mit dem Reiten begann. Durch einen glücklichen Zufall bekam ich ein Jahr später mein erstes Pferd, »Waldfee«. Wir zwei konnten erste kleine Erfolge verzeichnen. Im Alter von zwölf Jahren kam der nächste Glücksfall, und der hieß Askan! Ich weiß es noch wie heute, bei einem sogenannten Karnevalsreiten beschlossen mein Vater und mein damaliger Reitlehrer, mich auf dieses Pferd zu setzen. Ich glaube, die zwei waren schon etwas angeheitert, als sie einstimmig meinten: «Nicole sieht toll auf Askan aus!» Sah es in Wirklichkeit überhaupt nicht, aber der Erfolg stellte sich trotzdem ein. Obwohl Askan als schwieriges Pferd galt, habe ich es bis zum goldenen Reitabzeichen mit ihm geschafft. Nun war es für mich an der Zeit, etwas von einem Pferd zu lernen, und wir machten uns auf die Suche nach einem ausgebildeten Lehrpferd. Der Händler hatte nur ein Jungpferd, Rembrandt. Er war drei Jahre alt, meilenweit von einem »Schoolmaster« entfernt und eigentlich völlig unreitbar, was sich auch in den nächsten sechs Jahren nicht ändern sollte. Aber Rembrandt hatte so wunderschöne Augen, wir konnten nicht widerstehen. Erfolge waren mit ihm kaum möglich, bis ich 1986, wieder durch eine glückliche Fügung, meinen späteren Trainer Dr. Schulten-Baumer kennenlernte. Er war es, der mir nach vielen verpatzten Turnierauftritten den »Schlüssel zu meinem Pferd« gab. Innerhalb eines Jahres haben wir uns nach oben gearbeitet. 1988 wechselte ich den Trainer. Mit Harry Boldt gingen wir gemeinsam zu den Olympischen Spielen nach Seoul. Bevor ich dort Olympiasiegerin wurde, wäre ich fast vor dem Wettkampf wieder abgereist.

Rembrandt musste unbedingt locker und gymnastiziert sein, um seine Lektionen zu zeigen. Ich bewegte ihn deshalb auf der Rennbahn des olympischen Geländes, allerdings in nicht standesgemäßer Reitkleidung, ich hatte keine Stiefel an. Für diesen Regelverstoß wurde ich von Bundestrainer Anton Fischer mit harschen Worten gerügt. Ja, im Prinzip hatte er recht, aber ich fühlte mich so gekränkt, dass ich Sturkopf meine Sachen packte und abreisen wollte. Dr. Reiner Klimke glättete die Wogen und versprach: »Ich halte dir alle fern, die dir reinquatschen wollen!« So bin ich im wahrsten Sinne des Wortes »meinen Stiefel geritten«, und wir wurden Olympiasieger! Spätestens da haben alle gemerkt, dass man sich auf mich verlassen kann. Meine Trainer Dr. Schulten-Baumer, Harry Boldt, Reiner Klimke und Bundestrainer Anton Fischer waren definitiv die drei Wegbegleiter zu diesem Erfolg.

Das Talent des Menschen hat seine Jahreszeiten –
wie die Früchte. (François de La Rochefoucauld)

Wie wurde daraus Ihr persönliches Erfolgsrezept?

Ein gewisses Maß an Sturheit ist für mich heute noch wichtig, damit ich nicht von meiner eigenen Bahn abkomme. Außerdem verfüge ich über eine unglaubliche innere Ruhe. Zu sportlichen »Hoch-Zeiten« wollte man mir immer zu autogenem Training raten. Aber selbst in stressigsten Situationen war ich schon immer in der Lage, mich selbst runterzufahren. Ich bin sehr selbstkritisch, diszipliniert und habe während meiner aktiven Zeit auf viele Dinge verzichten können, die andere in meinem Alter gemacht haben. Lange Disconächte waren in jungen Jahren für mich nicht drin, was aber kein Opfer für mich darstellte.

Trink ihn aus, den Trank der Labe und vergiss den großen Schmerz!
Wundervoll ist Bacchus Gabe, Balsam für's zeriss'ne Herz. (Friedrich Schiller)

Welche Rückschläge gab es in Ihrem Leben und wie haben Sie diese gemeistert?

Sieben lange Jahre habe ich es mit dem »Erzeuger« meines erstgeborenen Sohnes ausgehalten, obwohl ich das Ende der Beziehung unweigerlich auf uns zukommen sah. Das Wort »Erzeuger« habe ich ganz bewusst gewählt. Die Beziehung ist so zu Ende gegangen, wie man es immer vermeiden will: mit sehr viel Stress, Angst und Streit. Aber auch nach diesem Tiefpunkt in meinem Privatleben blieb mir das Glück treu. Ich lernte meinen heutigen Mann Andreas kennen. Heute sagen wir gerne: »Wir waren von Anfang an keine ›Patchwork-Family‹, sondern eine vierköpfige Familie.«

Ich singe gerne, trinke gerne und liebe wohl,
geliebt zu sein. (Adelbert von Chamisso)

Wie lautet Ihr Erfolgsrezept für eine glückliche Beziehung?

Mein Mann und ich sind sozusagen beide »Wiederholungstäter.« Ich bin zum zweiten Mal verheiratet, mein Mann zum dritten Mal. Wir haben aus den Fehlern unserer ersten Ehen sehr viel gelernt und setzen alles daran, sie nicht zu wiederholen. Dazu gehört für uns, viel miteinander zu reden und natürlich auch dem anderen zuhören, das ist das A und O unserer Beziehung. Es gibt aber auch ganz besondere Momente, in denen es schön ist, zusammen zu schweigen. Trotz aller Arbeit und allem Stress muss man sich Zeit zu zweit nehmen und eben auch mal ohne Kinder sein. Ab und zu fahren wir einfach mal zwei, drei Tage alleine weg. Das ist mehr wert als ein langer Urlaub. Wir versuchen auch, uns eine gewisse Spontanität zu erhalten. Statt geplantem Besuch eines Schützenfestes schwenken wir ungeplant um und gehen lieber zu zweit essen. Und wenn ich noch einmal von Glück sprechen darf: Bereits zwei Tage,

nachdem ich Andreas kannte, sind wir zusammengezogen, so sicher waren wir uns! Nach einer Woche sprachen wir bereits von Hochzeit, nach anderthalb Monaten war ich schwanger, und drei Wochen vor der Geburt haben wir geheiratet.

Die Küche rein, das Essen fein.
Anders darf's bei mir nicht sein.
(Sprichwort)

Welche Werte leben und vermitteln Sie?

Schwächeren zu helfen, dazu zu stehen, wenn man mal Bockmist gebaut hat, sich entschuldigen zu können. Gutes Benehmen haben, Menschen zu grüßen, sie anzuschauen, wenn man mit ihnen redet, und auch zuhören zu können. Wenn über andere Menschen in irgendeiner Form geredet und geurteilt wird, sollte man diese Situation sehr kritisch hinterfragen, bevor man sich hineinziehen lässt. Auch wenn es mal Streit gibt, ist es wichtig, danach wieder miteinander zu sprechen. All diese Dinge lebe ich, ansonsten wäre ich ja unglaubwürdig. Auch im Reitsport gibt es Werte! Pferde sind keine Sportgeräte. Weder Pferde noch Sportler dürfen missbraucht werden. Mit meinem Pferd kann ich nur die absoluten Erfolge erreichen, wenn ich es als gleichwertigen Partner ansehe. Doping ist absolut ausgeschlossen.

Nicol

Warum war in ihrem persönlichen Lebensrezept eine Karriere ohne Kinder nicht denkbar?

Während meiner sportlichen Karriere waren für mich Kinder aus zeitlichen Gründen nicht denkbar. Ich hätte mir nicht erlauben können, ständig auf die Uhr zu schauen, ob ich ein Kind irgendwo abholen oder zur Schule bringen muss. Außerdem hätte ich es für meine Kinder nicht gut gefunden, sie jedes Wochenende in ein anderes Hotel zu karren.

Unser großer, achtjähriger Sohn konnte noch ein paar Turniere miterleben. Irgendwie geht der Stress nicht spurlos an den Kindern vorüber. Reitsport mit dieser Kunst und Qualität lässt meiner Meinung nach nicht viel Platz für Kindererziehung.

Deshalb war vor der Planung unseres zweiten Kindes ganz klar, dass ich nicht mehr hauptberuflich an Turnieren teilnehmen werde. Heute baue ich sozusagen alle Aufgaben, Unterricht und Lehrgänge um meine Kinder herum. Wir unterstützen im Frühjahr/Sommer Nachwuchs-Championate im Rheinland und Westfalen. Auf diesen Qualifikationsturnieren suche ich »meine Talente« heraus, und sie werden von mir in einem Sichtungslehrgang zusammengefasst. Pro Jahr und Verband darf ich mir zwei bis drei talentierte Nachwuchsreiter heraussuchen, die ein besonderes Sponsoring erhalten und von mir monatlich trainiert werden. Das ist in dieser Form in Deutschland einzigartig, und darauf sind mein Mann ich sehr stolz. Allerdings ist diese Jungendreiterserie sehr zeitintensiv mit bis zu drei Turnieren am Wochenende. Es ist natürlich traumhaft, dass ich meine Kinder mitnehmen kann.

Ein Stück Schwarzbrot und ein Krug Wasser stillen den Hunger eines Menschen, aber unsere Kultur hat die Gastronomie erschaffen. (Honoré de Balzac)

Wie lautet das Grundrezept für die Erziehung ihrer Kinder?

Regeln, Disziplin und ganz viel schmusen! Das reicht eigentlich schon ...

Auch nachts ist die Milch weiß. (aus Afrika)

Leben Sie ein modernes Familienmanagement?

Mein Mann ist tagsüber in der Woche nie da, deshalb bin ich für das Familienmanagement zuständig. Und ansonsten gilt: Erst kommen die Kinder, dann wir! Ich wollte unbedingt eine Mutter sein, die da ist, wenn die Kinder aus der Schule oder dem Kindergarten nach Hause kommen. Meine Büroarbeit mache ich abends, Nachtschichten sind keine Seltenheit. Die wichtigen Termine nehmen wir abends wahr, sodass unsere »gute Seele« abends ab und zu zum Babysitten kommt. Wenn wir weg sind, bleiben die Kinder in ihrem gewohnten Umfeld und in ihrem vertrauten Alltag.

Nichts wird die Chancen für ein Überleben auf der Erde so steigern wie der Schritt zu einer vegetarischen Ernährung. (Albert Einstein)

Geht das Rezept Karriere und Kinder aus Ihrer Sicht als Mutter in Deutschland auf oder fehlen wesentliche Zutaten, die Politik und Gesellschaft noch beisteuern müssten?

Nein, das Rezept geht nicht auf! Ich bin in einer sehr privilegierten Situation, ich konnte mich entscheiden, für meine Kinder zu Hause zu sein. Hätte ich allerdings fulltime weiterarbeiten müssen, hätte ich mich definitiv nicht für ein zweites Kind entschieden. Ich bin der Meinung, dass kleine Kinder zunächst ihre Mutter brauchen und nicht schon im Kleinkindalter in den Kinderhort gehören. Ich bin selbst im Kindergarten aktiv, und wir haben einen Förderverein gegründet, um uns neben der Einnahme von Spenden auch selbst einbringen zu können. Es fehlen in Kindergärten und Horten immer noch Mitarbeiter.

Familien müssen generell finanziell viel mehr entlastet werden, damit nicht immer alles auf Kosten der Kinder geht. Ich finde es bringt nichts, immer mehr Kindertagesplätze zu schaffen, sondern es muss eine strukturierte Basis aufgebaut werden, die Müttern neben ihrer Arbeit mehr Zeit für ihre Kinder einräumt. Denn wenn eine Mutter abends total geschafft von der Arbeit nach Hause kommt, bleibt nicht mehr so viel Kraft für die Kindererziehung.

Die Fähigkeit, das Wort »Nein« auszusprechen, ist der erste Schritt zur Freiheit. (Nicolas Chamfort)

Wie sieht Ihr Work-Life-Balance-Rezept aus?

Nein sagen zu können!

Wiese und Wald, jung und alt, Menschen und Tiere groß und klein, alle lädt er zu seinem Tische ein.

(Tischgebet)

Was bedeutet Spiritualität für Sie und wie integrieren Sie Spiritualität oder Glauben in ihren Alltag?

Unsere Kinder werden im christlichen Glauben erzogen. Wir glauben alle an Gott, ich bin aber nie ein großer Kirchgänger gewesen. Als ich damals mit unserem großen Sohn alleine war und eine wirklich schwere Zeit durchmachte, habe ich auch Hilfe im Glauben gesucht und habe ihn taufen lassen, obwohl ich eigentlich immer wollte, dass er sich irgendwann selbst seine Konfession aussucht. Seit einiger Zeit bin ich im Presbyterium unserer Gemeinde. Dazu braucht man nicht unbedingt bibelfest zu sein. Die Kinder bekommen sehr viel von meiner Arbeit dort mit und sagen schon mal: »Mama, heute muss ich mal wieder beten.«

Ich habe so viel Glück gehabt in meinem Leben, deshalb möchte ich etwas zurückgeben und andere teilhaben lassen. Es macht wahnsinnig Freude, zu sehen, dass man etwas bewirken kann – ganz unentgeltlich. Zu meiner aktiven Reiterzeit hätte ich mir nie vorstellen können, später einmal Presbyterin zu werden, aber das Gemeindeleben spielt in unserem Dorf eine sehr wichtige Rolle. Vielleicht wird durch mein Engagement, besonders in den Ausschüssen für Kinder und Jugendliche, der eine oder andere wieder auf die Kirche aufmerksam.

Lieber Gott, mach doch,
dass die Vitamine aus dem Spinat
in den Vanillepudding kommen.
(Kindergebet)

Welchen Stellenwert hat Kochen für Sie?

Einen großen. Jeden Tag wird frisch gekocht, ganz viel Obst und Gemüse für die Kinder. Dafür dürfen sie im Gegenzug auch mal Süßigkeiten essen. Abwechselnd ein Stück Apfel und ein Gummibärchen! So habe ich meine Kleinen zum Obstessen bekommen. Man muss herausfinden, was sie mögen.

Ohne die Küche meiner Frau wäre ich nicht so alt geworden.
(Sir Winston Churchill)

Gehört gemeinsame Esskultur in Ihren Alltag?

Ja! Mein Mann war in seiner völlig arbeitswütigen Zeit so drauf, dass er keine Mahlzeit mit uns einnehmen konnte. Da habe ich ihm schlichtweg ein Ultimatum gestellt: Wenn er bei uns wohnen bleibt, muss er wenigstens eine Mahlzeit mit uns gemeinsam einnehmen. Wir haben uns auf das Frühstück geeinigt!

Mein Erfolgsrezept

Es gibt mehrere, aber mein Hähnchen-Wok ist mein Lieblingsrezept. Es beinhaltet alles, was die Kinder mögen und natürlich auch ich.
Für zwei Tage, also sechs Personen, weil mein Mann mittags nicht da ist.

Hähnchen-Wok

Zutaten:

1 1/2 Hähnchenbrüste

1 Bund Lauchzwiebeln

2 Hände voll frische Champignons in Scheiben geschnitten

2 Knoblauchzehen

1 Tüte Pinienkerne

1 Bund Rucola-Salat klein geschnitten

Zubereitung:

Erst wird das Hähnchenfleisch klein geschnitten und in Olivenöl und Chiliöl im Wok angebraten, dann an die Seite gelegt.

Die Lauchzwiebeln in kleine Ringe schneiden, Champignons in Scheiben schneiden, Knoblauchzehen in hauchdünne Scheiben schneiden.

Dann werden die Champignons in Olivenöl angebraten. Danach Lauchzwiebeln und Pinienkerne dazugeben, zum Schluss Rucola unterheben.

Zwischenzeitlich Nudeln kochen, Girandole, die für mich am besten Geschmack annehmen. Nur in Salzwasser kochen!

Die fertigen Nudeln unters Fleisch mischen.

Ganz zum Schluss, wenn alles fertig ist, müssen noch 3 große Butterflocken untergemischt werden. Das macht den Geschmack aus!

Bibliografische Information der Deutschen Nationalbibliothek

Die Deutsche Nationalbibliothek verzeichnet diese Publikation
in der Deutschen Nationalbibliografie; detaillierte bibliografische
Daten sind im Internet über https://portal.dnb.de abrufbar.

Verlagsgruppe Random House FSC-DEU-0100
Das für dieses Buch verwendete FSC-zertifizierte
Papier *Primaset* liefert Grycksbo Paper AB, Schweden.

1. Auflage
Copyright © 2012 by Gütersloher Verlagshaus, Gütersloh,
in der Verlagsgruppe Random House GmbH, München

Fotos: Carsten Sander
Druck und Einband: Mohn Media Mohndruck GmbH, Gütersloh
Printed in Germany
ISBN 978-3-579-06646-2
www.gtvh.de